JN223947

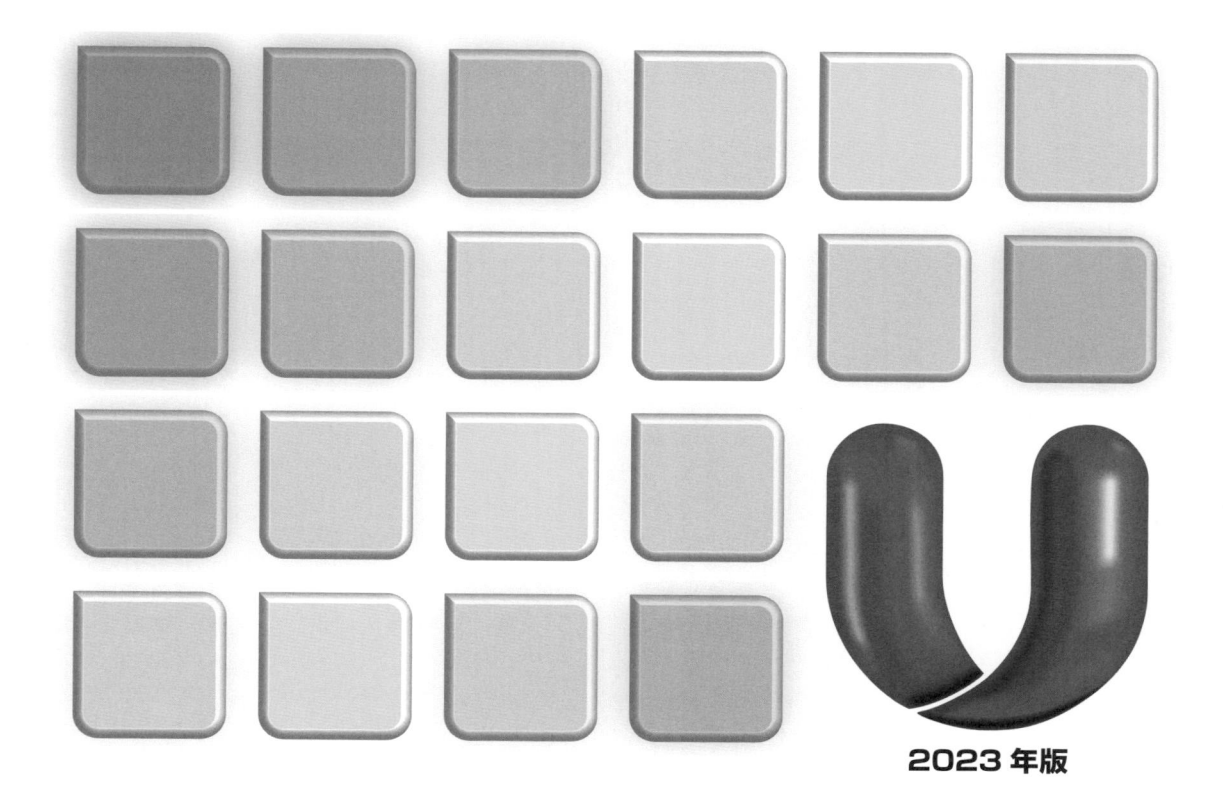

2023 年版

ウレタン塗膜防水ハンドブック

日本ウレタン建材工業会

発刊にあたって

日本ウレタン建材工業会（NUK）では，1991年にウレタン塗膜防水施工マニュアルを発刊し，改訂を重ねながらウレタン塗膜防水施工の教科書として活用されてまいりました。近年のウレタン塗膜防水材料の出荷量実績は，2012年52,249t，2022年58,174tと，この10年で5,925t増加しています。これは2021年の57,992tを超えて過去最高の数値となりました。施工面積に換算すると20,776千㎡で，（一社）日本防水材料協会（JWMA）の統計ではシェア33％と5団体の中で継続して首位となっています。

1960年代後半の上市から半世紀を超えたウレタン塗膜防水は，まだまだ材料・工法・施工に関して理想域に達したとは言えません。2021年現在，技能士取得者の累計は12,905名（（一社）全国防水工事業協会調査による）と技能士は増えています。これは塩化ビニル系シート防水6,757名，FRP防水4,664名，アスファルト防水4,275名で，ウレタン塗膜防水は他防水工法に比べ多数の1級技能士を有しています。しかし，防水材料の出荷量増加に比例して新規参入業者，異業種からの参入も多くなり，技能資格未取得の施工者も増加して材料の特性や取り扱いを理解しないままの施工や，金ゴテや櫛目ゴテ・ゴムベラなどの施工具さえ使えない施工者は，硬化不良や厚み確保ができないなどの施工不良が目立つようです。人が介在する施工では，質の高い技量や現場に応じた判断および配慮が求められます。更に建設業界の人手不足にウレタン塗膜防水が積極的に貢献するため，工期短縮や労働力不足の解決やエンドユーザーへの環境配慮はもとより現場作業者への環境負荷の低減に貢献し，時代に即した材料を開発して提供し，促進していかなければなりません。

この度，2018年発刊のウレタン塗膜防水ハンドブックの改訂を行いました。防水材メーカーの集まりであるNUKの特長を前面に出し，ウレタン塗膜防水の変遷，先を見据えた防水仕様，防水材料特性詳細，防水材料の取り扱いなどはそのままに最新の情報に更新いたしました。施工の詳細に関しては引き続き（一社）全国防水工事業協会にご協力を頂き，同協会発刊の「防水施工法（八訂版）第7章ウレタンゴム系防水」を引用し，MEMOを更新させて頂きました。

NUKは，これからも環境に配慮したより良い材料の開発と提供，より高い防水層への信頼を形成していく必要があります。そのためにも本ハンドブックを活用して頂くと同時に，私共も期待に応えられるよう日々努力していく所存です。

2023年3月

ウレタン塗膜防水ハンドブック編集委員会

第1章
ウレタン塗膜防水の概要

第1章　ウレタン塗膜防水の概要

1.1　ウレタン塗膜防水とは

　塗膜防水とは，不透水性被膜を形成することにより防水するメンブレン防水工法の一種であり，塗膜防水材をコンクリートやモルタル等の防水下地に塗布して，所定の厚さの防水層を常温で形成させる工法である。

　塗膜防水（ゴム系）の種類にはその材質や反応機構によりウレタンゴム，アクリルゴム，クロロプレンゴム，ゴムアスファルト等があるが（図1.1），近年は大半がウレタンゴムになっている。その理由は，施工性，仕上り外観，物性，耐久性，その他いくつかの比較項目について，ウレタン塗膜防水がいずれも卓越していること，また，材質，工法，実績について建築業界に信頼性が定着したこと等があげられる。

　ウレタン塗膜防水工法はアスファルト防水熱工法，モルタル防水工法，シート防水工法の後を追って1960年代後半に登場した防水工法である。その後改良を重ねながら標準化が進み，1976年にJIS A 6021「屋根防水用塗膜材」（現・建築用塗膜防水材）が制定された。施工技術面でも業界団体による標準化への努力が結実し，1978年に技能検定制度が施行され，毎年多くの国家認定技能士が誕生している。次いで1981年に日本建築学会建築工事標準仕様書JASS 8 防水工事　4節に「塗膜防水工事」が制定され，防水工法の一翼としての地位を確立するようになった。

2011年のJIS A 6021の改正では「高伸長形（旧1類）」に加え，用途の多様化に対応するために，新しい区分として「高強度形」が設定された。

　ゴム弾性のある塗膜を形成するウレタン塗膜防水材には，現場で主剤と硬化剤を反応させる2成分形と湿気硬化型の1成分形がある。

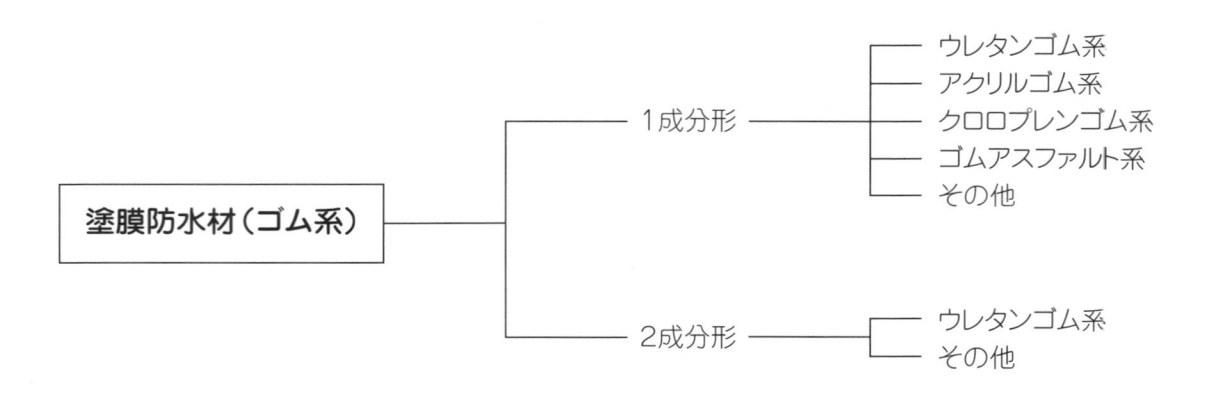

図1.1　塗膜防水材（ゴム系）の種類

1.2　ウレタン塗膜防水の特長

ウレタン塗膜防水の一般的な特長は次の通りである。

(1)液状の防水材料を塗布して硬化させる工法なので，継ぎ目のない連続一体化した防水層を形成することができる。複雑な平面形状や架台や端末のような立体形状であっても，連続塗膜で包み込む形になるので，美観を維持しつつ容易に水密性を確保できる。その特性を活かして，屋上，搭屋屋根，笠木，庇，ルーフバルコニー，ベランダ，共用廊下，階段室等に広く使われている。

(2)塗膜の伸び性能が高いので，下地のムーブメント（動き）に追随できる。下地のムーブメントが特に大きい場合には，高伸長形の上に高強度形のウレタン防水材を塗布する複合工法や，通気緩衝シートを用いる絶縁工法を採用することにより，下地のひび割れや目地の伸縮を吸収して防水性能を維持することができる。

(3)防水層を保護する仕上塗料を選択することにより，表面の自由な着色が可能である。耐摩耗性，防滑性に優れた粗面仕上げも選択できる。また，弾性と硬度に優れた重歩行仕上げとすることもでき，屋上をスポーツフロア等として活用できる。

(4)防水層が軽量なので，建物の重量負担が小さい。塗り重ねによる改修が可能になり，撤去廃材の発生を少なくできる。

(5)通気緩衝シートを併用する絶縁工法を採用することにより，下地に含まれる水分の気化による防水層のふくれを抑制することができる。下地が水分を含んでいることが多い押え工法の上からの改修に最適である。

(6)通気緩衝シートを金属金具で固定した上にウレタン塗膜防水を施工する機械的固定工法を採用することにより，既存露出防水層を撤去せずにかぶせ施工することができる。

(7)高強度形の防水材料を用いることにより，プランター等の荷重のある物や置き敷きタイルを防水層上に設置することが可能である。

(8)超速硬化形防水材は，吹付け直後に流れずに硬化し，高強度形の塗膜防水層を形成する。施工効率が高いので，大面積であっても比較的短い工期での施工が可能である。一般的な陸屋根から駐車場，勾配のある体育館のような特殊形状の屋根，スタジアム観覧席等まで広く採用されている。

1.3　ウレタン塗膜防水の歴史

ウレタン塗膜防水の黎明期からの業界動向，官公庁や建築学会の動向，公的仕様や規格類の標準化の動向，世相等も記した「ウレタン塗膜防水年代記」として表にまとめた。また，世代別，ポイント，主構成，主な用途の歴史をまとめた「ウレタン塗膜防水世代別年代記」としても表にまとめた。ウレタン塗膜防水の歴史と時代背景を照らし合わせて読んでいただきたい。

ウレタン塗膜防水年代記

開発	年代 ウレタン防水材の需要動向	業界の動向	官公庁・建築学会の動向	公的仕様・規格類の標準化動向	世相
第1世代 黎明期	**1965年 (昭和40) 前後** ●タールウレタンとノンタールウレタンが並行して試用開始	●名古屋商科大学新築工事 (1,600㎡) においてタールウレタンを施工したのがウレタン塗膜防水の始まりである。エマルション系の防水材料では薄塗り施工で複数回の施工であったが,ウレタン塗膜防水材は反応硬化型であったため,2mm程度の厚付けを可能にしたことが革新的で注目を浴びた。			●メキシコオリンピック陸上トラックにウレタンが採用される ●朝永振一郎氏にノーベル物理学賞
	1969 (昭和44) ●ウレタン塗膜防水の初期,材質,および施工上の問題点が指摘されることが多かった	●日本ウレタン防水協会 (以下,協会) 発足		●JASS 8 防水工事 (案) 発表 (日本建築学会)	●東大紛争(安田講堂封鎖解除) ●東名高速道路全線開通 ●アポロ11号月面着陸
		●ウレタン防水普及のための講習会開催 (協会) ●協会標準仕様書刊行			●日本万国博覧会(大阪千里)太陽の塔にタールウレタンが採用された ●よど号ハイジャック事件 ●初の国産衛星おおすみ打ち上げ成功 ●三島由紀夫事件
	1970 (昭和45)				
第1世代 普及期	**1971 (昭和46)** 出荷量 10,000トン	●PR用リーフレット「ウレタン防水の案内」刊行 (協会) ●ウレタン防水材の品質と施工をテーマに座談会開催 (協会)			●雫石事故 (自衛隊機・全日空機衝突) ●ドルショック ●印パ戦争
	1972 (昭和47) 出荷量 14,400トン	「建築用ウレタン塗膜防水工事標準仕様書」刊行,関東,関西で説明会開催 (協会)	●労働省職業訓練法施行規則の改正により「防水施工科」が追加指定	●JASS 8 防水工事 (第1版) 発行 (日本建築学会)	●沖縄日本復帰,沖縄県発足 ●日中国交樹立 ●札幌冬季オリンピック ●ミュンヘンオリンピック ●連合赤軍浅間山荘事件 ●元日本兵横井庄一氏グアム島ジャングルで発見
	1973 (昭和48) 出荷量 21,400トン	●上記仕様書「解説」刊行 (協会)			●第四次中東戦争 ●第一次オイルショック ●江崎玲於奈氏ノーベル物理学賞受賞
	1974 (昭和49) 出荷量 20,200トン	●防水技能士検定制度に協力 (協会) ●全国防水工事業団体連合会 (全防連) 設立			●ウォーターゲート事件でニクソン米大統領辞任 ●小野田元少尉ルバング島で発見 ●原子力船むつ放射能漏れ ●佐藤栄作元首相にノーベル平和賞
	1975 (昭和50) 出荷量 18,000トン	●屋根防水用塗膜材のJIS原案作成,労働省認定職業訓練教科書「防水施工法」の作成に協力 (協会)	●通産省「屋根防水用塗膜材」のJIS化企画		●ベトナム戦争終結 ●沖縄海洋博覧会 ●山陽新幹線全線開業
	1976 (昭和51) 出荷量 19,400トン	●全国塗膜防水工事業団体連合会 (塗膜工連) 設立		●JIS A 6021 屋根防水用塗膜材制定 (通産省)	●モントリオールオリンピック ●田中前首相逮捕 (ロッキード事件) ●ソ連ミグ25亡命事件
第1世代 普及期	**1977 (昭和52)** 出荷量 20,700トン	●協会事務所を東京都港区新橋に移転 ●防水施工技能検定 (アスファルト防水) 第1回実施,初の「防水技能士」誕生 (労働省)		●JASS 8 防水工事に塗膜防水の組入れが決定 (日本建築学会)	●政府 領海12カイリを決定 ●北海道有珠山噴火 ●日本赤軍日航機をハイジャック。ダッカ空港に強硬着陸 ●王貞治氏ホームラン世界新記録
	1978 (昭和53) 出荷量 22,100トン	●塗り床や舗装材も含め日本ウレタン建材協会 (以下建材協会) と改称 (協会) ●塗膜防水技能士誕生 (労働省) ●JIS A 6021 認定商品上市 ●JASS 8 改定,解説文の作成に協力 (建材協会)	●建築学会春季大会「建築防水をとりまく諸問題」がテーマになる		●日中平和友好条約調印 ●成田空港開港 ●宮城県沖地震 ●植村直己氏単独で北極点到達
	1979 (昭和54) 出荷量 23,900トン	●建材協会設立10周年記念行事挙行		●JASS 8 防水工事改定原案発表 (日本建築学会)	●第二次オイルショック ●イラン革命 ●インベーダーゲーム

開発	年代 / ウレタン防水材の需要動向	業界の動向	官公庁・建築学会の動向	公的仕様・規格類の標準化動向	世 相
第2世代 需要拡大期 通気緩衝工法登場期	**1980 (昭和55)** 出荷量 24,400 トン	●建材協会PR用会章デザイン決定 ●ウレタン建材工事に関する安全指針を作成 (建材協会)	●建設業近代化モデル計画で防水工事が対象業種に (建設省)		●大平首相急死 ●モスクワオリンピック ●イラン・イラク戦争 ●新宿バス放火事件
	1981 (昭和56) 出荷量 22,500 トン	●「塗り床施工指針」を作成 (建材協会) ●4会連合協定「工事請負契約約款」改正原案決定	●住宅・都市整備公団 (前身・日本住宅公団) 発足	●JASS 8 改定版発行, 4節塗膜防水が新制定 (日本建築学会) ●建築工事共通仕様書56年版発行 (建設省)	●ポートピア'81 (神戸) ●スペースシャトル「コロンビア」打ち上げ成功 ●チャールズ皇太子・ダイアナさん結婚 ●福井謙一氏にノーベル化学賞
	1982 (昭和57) 出荷量 23,000 トン	●建設省総プロ「建築物の耐久性向上技術の開発」に参画, ウレタン塗膜材の「耐ムーブメント性の研究」に関して東工大小池研究室と共同研究 (建材協会) ●全防連「防水保証基本契約約款」発表 ●超速硬化ウレタンスプレー上市	●建設省総プロ作業本格化 ●建築防災協会「外壁タイル張りの耐震診断とその対策」まとまる	●建築工事監理指針56年版発行 (建設省)	●フォークランド紛争 ●ホテルニュージャパン火災 ●日航機 羽田沖墜落 ●米ソ戦略兵器削減交渉 (START) 開始
	1983 (昭和58) 出荷量 25,700 トン	●改修工事標準仕様WG を設置, 作成作業を開始 (建材協会) ●民間でも防水保証長期化へ	●建設省建築施工管理技士制度公布 ●保証制度, 住宅・都市整備公団では防水10年外壁7年		●初の比例代表制選挙 ●日本海中部地震 ●大韓航空機撃墜事件 ●NHKテレビ「おしん」
第3世代 充実期 複合防水登場期	**1984 (昭和59)** 出荷量 25,700 トン	●工事施工部門を分離「日本ウレタン建材工業会 (以下, NUK)」に改称		●仕上材JIS改正公布 (通産省)	●ロサンゼルスオリンピック ●イラク空軍 IJPC建設現場を爆撃 ●英中 香港返還合意文書調印 ●植村直己氏マッキンリーで遭難 ●江崎グリコ社長誘拐事件
	1985 (昭和60) 出荷量 26,400 トン	●NUK「いま, なぜウレタンなのか」発刊 ●建設省総プロ「建築物の耐久性向上技術の開発」成案に協力 (NUK) ●高住研, マンション保全診断センター設立	●総プロ成果を反映した改修設計指針まとまる ●建設省, 集合住宅用新材料開発組合設立 ●(財)マンション管理センター設立 ●建研,総プロ成果概要発表	●建設省建築工事共通仕様書 60 年版発行 (建設省) ●JASS 8 改定原案発表 (日本建築学会)	●科学万博ーつくば'85 ●NTT, JT発足 ●日航ジャンボ機御巣鷹山墜落事故 ●東北・上越新幹線上野駅開業
	1986 (昭和61) 出荷量 27,900 トン	●NUK, JASS 8 改定作業に参画 ●日本建築センターが作成する「屋根防火研究委員会報告」のとりまとめに協力 (NUK) ●「下地処理剤の評価試験方法」に関する研究を実施 (NUK) ●アクリルゴム系塗膜防水技能士誕生 ●ウレタン塗膜防水工事部位別標準工法発刊 (NUK)	●日本建築学会, JASS 8 普及講習会全国で開催, 改定JASS 8 に下張り緩衝工法が採用 ●集合住宅防水も長期保証へ (財住宅登録機構)	●施工監理指針60年度発刊 (建設省) ●建築改修設計指針発刊 (建設省) ●保全工事共通仕様書61年版発刊 (住宅・都市整備公団) ●JASS 8 改定版発行	●男女雇用機会均等法施行 ●スペースシャトルチャレンジャー爆発事故 ●チェルノブイリ原発事故 ●余部鉄橋列車転落事故
	1987 (昭和62) 出荷量 26,363 トン	●NUK,官民連帯共同研究「外装材維持補修工法の開発」で「ウレタン塗膜防水による屋根の補修,改修指針の開発」をテーマに研究開始 ●全建連調査,技能工,資材不足全国的に広がる	●通産省工技院外壁塗膜防水材JIS化作業着手 ●官民共同「外装改修技術開発推進委員会」発足	●コンクリートひびわれ対策指針発刊 (コンクリート工学協会) ●総プロ普及用技術指針刊行 (建設省)	●ブラックマンデー ●NTT株上場 ●JRグループ各社開業 ●大韓航空機爆破事件 ●利根川進氏にノーベル医学生理学賞
	1988 (昭和63) 出荷量 27,680 トン	●JIS A 6021 改正作業, 外壁用塗膜防水材の新JIS作成に参画 (NUK) ●日本建築学会「合成高分子系床仕上げ施工指針」作成に協力 (NUK) ●NUK 事務所を東京都港区芝浦に移転	●通産省工技院外壁塗膜防水材JIS化作業着手 ●官民共同「外装改修技術開発推進委員会」発足	●コンクリートひびわれ対策指針改正 (コンクリート工学協会) ●総プロ普及用技術指針刊行 (建設省)	●青函トンネル開通 ●瀬戸大橋開通 ●日経平均株価 過去最高値を更新 (3万円) ●ソウルオリンピック ●リクルート事件

開発	年代 ウレタン防水材の需要動向	業界の動向	官公庁・建築学会の動向	公的仕様・規格類の 標準化動向	世 相
	1989（昭和64・平成元） 出荷量 29,225トン	●NUK20周年記念式典挙行 ●公正取引委員会に団体成立届出 (NUK)		●JIS A 6021 改正 「屋根用塗膜防水 材」公布 ●建築工事共通仕様書 平成元年版発行（塗 膜防水の仕様が充 実）(建設省) ●住宅・都市整備公団保 全工事共通仕様書（平 成元年版）にウレタン 塗膜防水が採用（住宅 ・都市整備公団）	●昭和天皇崩御,平成天皇即位 ●消費税（3%）導入 ●天安門事件 ●ベルリンの壁崩壊
	1990（平成2） 出荷量 33,562トン	●群馬県建築士会で講習会開催 (NUK) ●神奈川県・千葉県建築士に協会 入会 (NUK)	●建設省官民連帯共同 研究参画「外装仕上 げおよび防水の補修 ・改修技術」発刊	●建築改修工事共通仕 様書作成に着手 ●JASS 8 改定検討に 入る ●文部省・厚生省・防衛 施設庁でウレタン防 水仕様を採用	●ドイツ連邦共和国発足（東西ド イツ統一） ●イラク軍 クウェートに侵攻 ●大阪・花の万博
	1991（平成3） 出荷量 32,338トン	●「ウレタン塗膜防水施工マニュ アル」発刊 (NUK)	●産業廃棄物関連問題 が重視 ●通産省でヒヤリング, 団体懇談会	●JASS 8 防水工事（案） ●建設省改修仕様作成 （防水・床） ●住宅・都市整備公団 「超速硬化ウレタン メーカー」を推薦	●湾岸戦争 ●ソ連崩壊 ●リサイクル法施行 ●東北・上越新幹線 東京駅乗り入 れ ●雲仙普賢岳噴火
第4世代 用途拡大期 超速硬化ウレタン登場期	**1992（平成4）** 出荷量 33,963トン	●JASS 8 性能評価試験法への 参画 (NUK) ●非破壊厚み測定法の検討(NUK)	●官公庁建物修繕措置 判定手法WG 参加	●建設省建築工事施工 監理指針改定作業 ●建設省建築改修工事 共通仕様書（平成4 年版）発刊 ●住宅・都市整備公団, 保全工事共通仕様書 （平成4年版）発刊	●PKO協力法成立,カンボジアへ 自衛隊派遣 ●バルセロナオリンピック ●天皇訪中 ●毛利衛さん スペースシャトル で宇宙へ
	1993（平成5） 出荷量 31,109トン	●日本建築学会大会にNUK 論文 発表参加 ●PR誌「21世紀へ飛翔」発刊 (NUK) ●製品安全データシート案作成 (NUK) ●安全・産廃WG 発足 (NUK)	●総プロ,防水材料屋外 暴露10年調査検討 ●建築学会防水ビデオ 作成協力 ●東工大に塗り床滑り 試験委託	●建設省建築工事共通 仕様書（平成5年版） 及び同建築工事施工 監理指針の発刊 ●JASS 8 改定版発刊	●皇太子殿下,雅子様ご結婚 ●北海道南西沖地震 ●記録的冷夏により米不足 ●サッカーJリーグ開幕
	1994（平成6） 出荷量 32,996トン	●産業廃棄物処理調査結果の報告 (NUK) ●パンフレット「安全指針」発行 (NUK) ●PL 法対策を検討 (NUK)	●日本建築学会防水材 料性能評価試験法の 追加試験に参加 ●日本建築仕上学会に 調査依頼（下地水分 管理の調査） ●ハートビル法制定	●建築保全業務共通仕 様書改訂（建築保全 センター）	●関西国際空港開港 ●PL法成立 ●大江健三郎氏にノーベル文学 賞 ●松本サリン事件
	1995（平成7） 出荷量 33,811トン	●日本建材産業協会加入 (NUK) ●PL法対策ガイドライン作成 ●MSDS（安全データシート）の 集約整備 (NUK) ●高耐久硬質ウレタン開発ーウレ タン防水第5世代へ	●阪神・淡路大震災屋 上防水被害状況調査 に協力 (NUK) ●PL法（製造物責任 法）施行 ●「耐震改修促進法」施行 ●住宅・都市整備公団 保全工事共通仕様書 （平成7年版）発行	●JIS A 6021 改訂 ●外壁用塗膜防水材 TR 審議（工技院） ●建設省建築工事共通 仕様書（平成5年版） の見直し	●阪神・淡路大震災 ●地下鉄サリン事件 ●横山ノック大阪府知事 青島幸 男東京都知事誕生 ●Windows95発売
	1996（平成8） 出荷量 35,898トン	●ISO 9000sの検討 ●「ウレタン塗膜防水施工マニュ アル」改訂版の審議 (NUK) ●産業廃棄物対策の推進 (NUK)	●通産省KISSの推進 ●阪神・淡路大震災か らー年,公開シンポジ ウム開催 ●郵政省建築部が施設 部と名称変更 ●建設省・郵政省がVE 導入検討開始 ●「外壁用塗膜防水 材」TR A 0001（標 準情報）制定	●建設省建築工事共通 仕様書（平成5年版）, 同監理指針の見直し 作業 ●建設省建築改修工事 共通仕様書（平成4 年版）の見直し作業 開始	●住専問題,金融不安 ●在ペルー日本大使公邸人質事 件 ●国産初の実用H2ロケット 打ち 上げ成功 ●HIV訴訟 ●O-157感染広がり

開発	年代／ウレタン防水材の需要動向	業界の動向	官公庁・建築学会の動向	公的仕様・規格類の標準化動向	世　相
第5世代　超速硬化ウレタン用途拡大期	**1997 (平成9)** 出荷量 35,093 トン	●ウレタン塗膜防水施工マニュアル改訂版発行 (NUK) ●FRP防水工法小委員会設置 (全防協)		●建設省建築工事共通仕様書 (平成9年版) でウレタン塗布量を硬化物比重に改めて表現	●消費税率3%から5%に ●香港が中国に復帰 ●長野新幹線,秋田新幹線開業 ●東京湾アクアライン開通 ●山一證券自主廃業 ●北海道拓殖銀行破綻
	1998 (平成10) 出荷量 37,490 トン	●防水施工法・FRP 防水工法編発刊 (全防協)		●建設省建築改修工事共通仕様書 (平成10年版) でウレタン塗布量を硬化物比重に改めて表現 ●住宅・都市整備公団保全工事共通仕様書 (平成10年版) 発行	●長野冬季オリンピック ●サッカーワールドカップ仏大会日本初出場 ●和歌山 ヒ素入りカレー事件
	1999 (平成11) 出荷量 38,130 トン	●NUK30周年記念式典挙行	●住宅・都市整備公団が改組,都市基盤整備公団発足		●15銀行に公的資金投入 ●欧州単一通貨「ユーロ」誕生 ●マカオがポルトガルから中国に復帰 ●石原慎太郎都知事誕生 ●東海村臨界事故
	2000 (平成12) 出荷量 39,163 トン	●ルーフィング・イン・アメリカ発刊 (全防協)	●TRA0001とJIS A 6021 が統合され,建築用塗膜防水材としてJIS に外壁用塗膜防水材が定められる ●FRP 防水工事施工指針 (案)・同解説発刊 (日本建築学会)	●JIS A 6021改正,名称が建築用塗膜防水材に変更,屋根用と外壁用 ●建築工事標準仕様書・同解説JASS 8 防水工事に防水設計上参考となる仕様として FRP系塗膜防水工法を記載 (日本建築学会) ●住宅品質確保促進法 (住宅品確法) 施行 ●建築基準法改正 (仕様規定から性能規定化へ)	●シドニーオリンピック ●ロシア プーチン大統領誕生 ●九州・沖縄サミット ●三宅島噴火・全島避難 ●白川英樹氏にノーベル化学賞
	2001 (平成13) 出荷量 38,742 トン	●環境問題に関する説明資料発表 (FRP 防水環境問題対策委員会)	●FRP 防水技能士誕生 (厚生労働省) ●建設省が国土交通省に組織・名称変更	●建築工事監理指針 (平成13年版) にJIS A 6021 が外壁用も含めた改正によって,アクリルゴム系塗膜防水材が外壁用塗膜防水として規定された旨記載 ●住宅・都市整備公団保全工事共通仕様書 (平成13年版) 発行	●小泉内閣誕生 ●対米同時多発テロ事件 (世界貿易センタービル,国防省) ●野依良治氏にノーベル化学賞
	2002 (平成14) 出荷量 36,795 トン	●環境対応型ウレタン防水材システム認定制度発定 (NUK) ●ウレタン防水環境宣言運用指針採択 (NUK) ●防水施工法・改訂版・FRP 防水工法編発刊 (全防協)	●「建築博物館」設置 (日本建築学会)	●建築改修工事監理指針 (平成14年版) にJIS A 6021 がJASS 8 防水工事の中で外壁に対する防水仕様の一つとして示されている旨が記載	●サッカーワールドカップ日韓共催 ●北朝鮮から拉致被害者5人が帰国 ●小柴昌俊氏にノーベル物理学賞,田中耕一氏に化学賞
	2003 (平成15) 出荷量 38,580 トン	●「建築防水の施工管理」「建築一般と防水施工管理」発行,第一回「防水施工管理技術者」認定試験実施 (全防協)		●ホルムアルデヒド規制が盛り込まれた改定建築基準法の施行	●米軍 イラクを攻撃。フセイン政権崩壊 ●個人情報保護法成立 ●地上デジタル放送開始 ●新型肺炎 (SARS) 流行 ●六本木ヒルズ開業
	2004 (平成16) 出荷量 40,562 トン	●環境対応型ウレタン防水材システム認定取得7社12システム (NUK)	●能力開発支援制度開始 (日本建築学会)	●各省庁の仕様統一,公共建築工事標準仕様書改定	●アテネオリンピック ●新潟県中越地震 ●インド洋スマトラ島大津波 ●九州新幹線開業

開発	年 代 ウレタン防水材の需要動向	業界の動向	官公庁・建築学会の動向	公的仕様・規格類の標準化動向	世 相
第6世代 環境対応型普及期	**2005 (平成17)** 出荷量 43,637 トン	●ホルムアルデヒド自主規制認証制度発足 (NUK) ●防水100年記念事業 (全防協)	●国土交通省アスベスト対策推進本部設置	●公共工事の品質確保の促進に関する法律施行 ●都市再生機構環境対応型工事仕様	●中部国際空港開港 ●愛・地球博 (愛知万博) ●道路4公団 6社に民営化 ●郵政民営化法成立 ●京都議定書発効 ●耐震計算偽造 姉歯事件 ●福知山線列車脱線事故
	2006 (平成18) 出荷量 41,806 トン	●環境対応型ウレタン防水材システム認定取得10社16システム (NUK) ●ホルムアルデヒド自主規制認定取得10社144システム (NUK) ●JWMA 日本防水材料連合会発足 (NUK入会)	●アスベストの対応について指針講評 (国交省) ●創立120周年 (日本建築学会)		●アスベスト健康被害救済法成立 ●福岡飲酒運転追突転落事故で取締り強化
	2007 (平成19) 出荷量 42,497 トン	●環境対応型ウレタン防水材システム認定取得9社18システム (NUK) ●ホルムアルデヒド自主認定取得17社283品種 (NUK) ●ウレタン塗膜防水施工マニュアル改訂 (3版)		●公共建築工事標準仕様書 (平成19年版),公共建築改修工事標準仕様書 (平成19年度版),建築工事監理指針書 (平成19年版),建築改修工事監理指針書 (平成19年版) 改訂 ●新GHS表示制定	●防衛省発足 ●新潟中越沖地震,能登地震 ●東国原宮崎県知事誕生
第7世代 環境対応型拡大期	**2008 (平成20)** 出荷量 47,018 トン	●環境対応型ウレタン防水材システム認定取得9社19システム (NUK) ●ホルムアルデヒド自主認定取得23社424 (NUK)		●新JIS認定制度に変更 ●JASS 8 防水工事・同解説改定 (日本建築学会) ●都市再生機構全工事共通仕様書平成20年版発刊	●リーマンショック ●洞爺湖サミット ●北京オリンピック ●宇宙ステーション「きぼう」設置 ●小林誠氏,南部陽一郎氏 益川敏英氏にノーベル物理学賞,下村脩氏に化学賞
	2009 (平成21) 出荷量 44,487 トン	●NUK40周年記念式典挙行 ●環境対応型ウレタン防水材システム認定取得10社20システム (NUK) ●ホルムアルデヒド自主認定取得26社497 (NUK) (9月現在) ●日本防水材料連合会 (JWMA) 事務所を日本橋久松町に移転,参加工業会も同事務所に統合。NUK,ARK,KRKが移転。	●住宅瑕疵担保履行法施行 (国土交通省)		●民主党政権誕生 ●裁判員制度開始 ●消費者庁発足 ●イチロー大リーグ9年連続200本安打
	2010 (平成22) 出荷量 49,529 トン	●VOC自主規制認定制度発足 (NUK) ●ホルムアルデヒド自主認定取得529品種 (NUK) ●VOC自主認定取得44品種 (NUK)		●公共建築工事標準仕様書,同監理指針 (平成22年版) 及び公共建築改修工事標準仕様書,同監理指針 (平成22年版) 改訂	●ギリシャ経済危機 ●羽田空港国際線ターミナル新設開業 ●小惑星探査機「ハヤブサ」地球に帰還 ●根岸英一氏,鈴木章氏にノーベル化学賞
	2011 (平成23) 出荷量 50,502トン	●ホルムアルデヒド／VOC 自主規制改正 (NUK) ●JWMA 一般社団法人となる。 ●防水施工法七訂版発行 (全防協) ●環境対応型ウレタン防水材システム認定取得22システム (NUK)	●建築研究所「建築物の長期使用に対応した材料・部材の品質確保ならびに維持保全に関する【外装分科会編】(第2総プロ)」報告書発刊	●JIS A 6021 改正 ☆2類を廃止し,高伸長形,高強度形とする。 ●都市再生機構全工事共通仕様書平成23年版発刊	●東日本大震災 (大津波,福島第一原発事故放射能漏れ) ●貿易収支31年ぶりの赤字 ●世界人口70億人到達 ●なでしこジャパン サッカーワールドカップ優勝
	2012 (平成24) 出荷量 52,249トン	●国土交通省が「社会保険の加入に関する下請指導ガイドライン」制定 ●NUK「ウレタン塗膜防水を安全に作業していただくために」(パンフレット) 発行	●国交省「持続可能社会における既存共同住宅ストックの再生に向けた勉強会」開催		●ロンドンオリンピック ●東京スカイツリー開業 ●山中伸弥氏にノーベル医学生理学賞

開発	年 代 ／ ウレタン防水材の需要動向	業界の動向	官公庁・建築学会の動向	公的仕様・規格類の標準化動向	世 相
	2013 (平成25) 出荷量 53,711トン	●第4回日中韓防水シンポジウム (日本:早稲田大学) ●NUKホームページをリニューアル	●防災・減災等に資する国土強靱化基本法案成立	●公共建築工事標準仕様書,同監理 指針 (平成25年版) 及び 公共 建築改修工事標準仕様書,同監理指針 (平成25年版) 改訂	●中国 習近平国家主席誕生 ●富士山 世界文化遺産に登録 ●2020年オリンピック・パラリンピックが東京に決定
	2014 (平成26) 出荷量 57,232トン	●職人不足が深刻化している建設業で,外国人労働者の受け入れを拡大する緊急措置を決定	●国土交通省「住宅リフォーム事業者団体登録制度」を告示 ●改正労働安全衛生法公布	●JASS 8 防水工事・同解説改定(日本建築学会)L-UFH,L-USHで超速硬化吹付仕様標準化 ●都市再生機構保全工事共通仕様書平成26年版発行	●消費税率5%から8%に ●第2次安倍改造内閣発足 ●ソチ冬季オリンピック ●御嶽山噴火 ●赤崎勇氏,天野浩氏,中村修二氏にノーベル物理学賞
	2015 (平成27) 出荷量 57,125トン	●第5回日中韓防水シンポジウム (韓国:済州島) ●日本防水材料連合会で「防水保証ガイドライン」完成	●国土交通省:「建築物のエネルギー消費性能の向上に関する法律」可決成立	●営繕工事請負契約における設計変更ガイドライン(案)の改定 ●建築工事安全施工技術指針・同解説 平成27年版	●安全保障関連法成立 ●米国・キューバ国交回復 ●パリ協定採択 ●横浜のマンション 杭偽装事件 ●大村智氏にノーベル医学生理学賞,梶田隆章氏に物理学賞
	2016 (平成28) 出荷量 56,899トン	●国交省は社会保険加入に関する下請指導ガイドラインに社保未加入の作業員は特段の理由がない限り現場入場を認めないとの取り扱いとすべきであると明記	●改正労働安全衛生法施行	●公共建築工事標準仕様書(平成28年版)改訂 ●公共建築改修工事標準仕様書(平成28年版改訂)	●日銀 マイナス金利を導入 ●伊勢志摩サミット ●パナマ文書公開 ●英国 EU離脱を決定 ●リオデジャネイロオリンピック ●熊本大地震,鳥取大地震 ●小池東京都知事誕生 ●大隅良典氏にノーベル医学生理学賞
	2017 (平成29) 出荷量 56,266トン	●NUKパンフ「MOCAを含むウレタン防水材の取扱いについて [改訂版] 発刊 ●防水施工法 (八訂版) 発刊 (全防協) ●第6回日中韓防水シンポジウム (中国:北京友誼賓館)		●都市再生機構保全工事共通仕様書 平成29年度版発行	●米国 トランプ大統領誕生 ●テロ等準備罪法成立 ●北朝鮮緊張高まる
	2018 (平成30) 出荷量 57,711トン	●NUK「ウレタン塗膜防水ハンドブック」発刊 ●日本防水材料連合会が(一社) 日本防水材料協会(略称:JWMA)に改組 ●(一社)全国防水工事業協会とJWMA「有機溶剤安全作業の手引き」発刊			●平昌冬季オリンピック ●第4次安倍内閣発足 ●本庶佑氏にノーベル生理学・医学賞
	2019 (平成31・令和元) 出荷量 56,834トン	●NUK「ウレタン塗膜防水安全作業の手引き」発刊		●公共建築工事標準仕様書(平成31年版),同監理指針(令和元年版)及び公共建築改修工事標準仕様書(平成31年版),同監理指針(令和元年版)改訂	●平成天皇退位,令和天皇即位 ●ラグビーワールドカップ日本開催 ●消費税率10%に ●吉野彰氏ノーベル化学賞
	2020 (令和2) 出荷量 55,419トン	●JWMA「防水保証ガイドライン」(改訂版)発行	●改正民法施行 ●2050年カーボンニュートラル宣言	●都市再生機構「保全工事共通仕様書」(令和2年版)発行	●新型コロナウイルスが世界的流行 ●東京オリンピック・パラリンピック 1年延期 ●菅内閣発足 ●小惑星探査機「はやぶさ2」地球に帰還 ●受動喫煙防止法(原則屋内禁煙)完全施行

開発	年代 / ウレタン防水材の需要動向	業界の動向	官公庁・建築学会の動向	公的仕様・規格類の標準化動向	世 相
	2021（令和3） 出荷量 57,992トン	●NUKホームページをリニューアル ●ウレタン出荷量過去最高 ●JWMAセメント系防水部会加盟		●日本建築学会　鉄筋コンクリート造建築物を対象とした「建築保全標準・同解説（JAMS-RC）」発刊	●新型コロナウイルス流行が長期化。ワクチン接種 ●米国バイデン大統領誕生 ●東京オリンピック・パラリンピック ●岸田内閣発足 ●眞鍋淑郎氏にノーベル物理学賞 ●大谷翔平米大リーグMVP
	2022（令和4） 出荷量 58,174トン	●JWMA新ビジョン策定 ●公共建築改修工事標準仕様書（令和4年版）にウレタンゴム系高強度形塗膜防水として，超速硬化ウレタン防水材が採用		●JIS A6021改正 ●「建築工事標準仕様書・同解説　JASS8防水工事」改定 ●公共建築工事標準仕様書,同監理指針(令和4年版)及び公共建築改修工事標準仕様書,同監理指針(令和4年版)改訂	●新型コロナウイルス流行が継続 ●北京冬季オリンピック・パラリンピック ●ロシアがウクライナに侵攻 ●安倍元首相銃撃され死亡 ●エリザベス英女王死去 ●ヤクルト村上56本塁打新記録，最年少三冠王

ウレタン塗膜防水世代別年代記

世代別	ポイント	主構成	主な用途
第 1 世代	ウレタン塗膜防水黎明期	ウレタン密着工法	施工面積の狭い箇所, マンションベランダ等狭小部への施工
1965 年 (昭和 40 年) ～	タール, ノンタールウレタン登場, ウレタン防水は密着性が良いため下地ひび割れに追従して破断, ふくれ発生		
第 2 世代	通気緩衝工法登場期	ウレタン通気緩衝工法	大屋根の改修工事に採用, 公共建築工事標仕 X－1 の起源となった
1977 年 (昭和 52 年) ～	通気緩衝シート＋ウレタン防水の組合せ工法により絶縁によるひび割れ破断防止, ふくれ防止機能により改修工事への採用が増加		
第 3 世代	複合防水登場期	ウレタン複合防水	改修工事の信頼性の高まりとともに新築工事の採用へと広がった
1984 年 (昭和 59 年) ～	防水機能付き通気緩衝シート＋ウレタン防水の複合防水と命名され防水工法として大きな信頼を獲得し採用が拡大した		
第 4 世代	超速硬化ウレタン登場期	超速硬化ウレタン密着工法	階段室床等の床材から JIS 品開発され一般屋上防水へ
1985 年 (昭和 60 年) ～	1982 年に米国より技術導入, 85 年には JIS 品が登場し防水材として屋上に採用 89 年に住都公団共通仕様の階段室床に採用された		
第 5 世代	超速硬化ウレタン用途拡大期	超速硬化ウレタン複合防水	屋上複合防水, 駐車場, 緑化, 地下防水
1995 年 (平成 7 年) ～	超速硬化ウレタン高硬度をベースとした複合防水が誕生し屋上駐車場, 緑化, 地下防水等の適用範囲が広がった		
第 6 世代	環境対応型防水普及期	環境対応型ウレタン防水システム	屋上, ベランダ, ルーフバルコニー, 庇等, 多用途
2000 年 (平成 12 年) ～	環境意識が高まり水硬化や F☆☆☆☆品等の開発が増え, 2002 年には N U K 環境対応型ウレタン防水システム, ホルムアルデヒド自主認定機関が誕生した		
第 7 世代	環境対応型拡大期	新環境対応型資料編 NUK の認定制度参照 (P.130)	屋上, ベランダ, ルーフバルコニー, 庇等, 多用途
2006 年 (平成 18 年) ～	環境対応型防水システムに R タイプ, N タイプの新設, V O C 自主規制, 環境 6 基準適合ウレタンゴム系防水材認定制度発足		

1.4 公的機関のウレタン防水仕様の変遷

　ウレタン塗膜防水材は, 1965年 (昭和40年) に初めて施工された。1976年に日本工業規格 (JIS A 6021) が制定され, 1981年 (昭和56年) に日本建築学会 (JASS 8) に採用された。日本工業規格 (JIS),

ウレタンゴム系塗膜防水材：公的仕様の変遷一覧表

年		出荷量(t)	JIS A 6021	日本建築学会 JASS 8 標準仕様	参考仕様
1965	S40		ウレタンゴム系防水材(タールウレタン,ノンタールウレタン):試用開始		
1969	S44		ウレタン塗膜防水の初期:材質および施工上の問題点が指摘されることが多かった		
1971	S46	10,000	ウレタン防水材出荷量:10,000t		
1972	S47	14,400		第1版 アスファルト防水,シート 防水のみ	－
1973	S48	21,400			
1974	S49	20,200			
1975	S50	18,000			
1976	S51	19,400	制定 「屋根防水用塗膜材」(ウレタンゴム系)		
1977	S52	20,700			
1978	S53	22,100	・塗膜防水 技能士誕生　　・ウレタン／通気緩衝工法上市		
1979	S54	23,900			
1980	S55	24,400			
1981	S56	22,500		改定:第2版 「塗膜防水材」:初登場 ウレタンゴム系:初登場 密着:L-PU1～4	－
1982	S57	23,000	超速硬化吹付けタイプ(高強度)ウレタン:上市		
1983	S58	25,700			
1984	S59	25,700	ウレタン複合防水上市		
1985	S60	26,400			
1986	S61	27,900		改定:第3版 密着:L-UF,緩衝:L-US 立上り:3mm仕様	－
1987	S62	26,363			
1988	S63	27,680			
1989	H01	29,225	改正:名称変更 「屋根用塗膜防水材」 (全面的見直し)		
1990	H02	33,562	文部省・厚生省・防衛施設庁でウレタン防水仕様を採用		
1991	H03	32,338			
1992	H04	33,963			
1993	H05	31,109		改定:第4版 L-UF,L-US 立上り:2mm仕様 超速硬化吹付けに言及	－

日本建築学会（JASS 8），国土交通省（旧建設省），全国防水工事業協会（全防協）の変遷をウレタン塗膜防水材の出荷量も含め以下にまとめた。

| 国土交通省（建設省） | | | | 全国防水工事業協会（全防協） | |
| 新営 | | 改修 | | 防水施工法 | |
標仕（共仕）	監理指針	標仕（共仕）	監理指針	塗り工法	吹付け工法
				改訂:改訂版 ウレタンゴム系:初登場 密着:L-PU1～4	－
				改訂:三訂版 密着:L-UF, 緩衝:L-US 立上り:3mm仕様	－
改定:共仕 ウレタンゴム系:初登場 密着:X-2,X-3,絶縁:X-1 平場・立り:同使用量 X-1,X-2:3.5kg/㎡	改訂 ウレタン:初登場 X-1,X-2:2.0mm以上				
		制定:共仕 ウレタンゴム系:登場 密着:X-2,絶縁:X-1 平場・立り:同使用量 X-1,X-2:3.5kg/㎡	第1版 ウレタン:登場 X-1,X-2:2.0mm以上		
改定:共仕 H01年版に同じ	改訂 膜厚確保:使用量管理 超速硬化吹付けに言及			改訂:四訂版 緩衝:NUK-No1～2, 密着:NUK-No3～5	改訂:四訂版 吹付けタイプ:分離 超速硬化吹付け 密着:1.8～3.5mm

年		出荷量(t)	JIS A 6021	日本建築学会 JASS 8	
				標準仕様	参考仕様
1994	H06	32,996			
1995	H07	33,811	手塗りタイプJIS1類（現高伸長形）／高強度複層ウレタン防水:上市		
			改正 （SI単位系移行に伴う見直し）		
1996	H08	35,898	TR A 1001（外壁用塗膜防水材）制定		
1997	H09	35,093			
1998	H10	37,490			
1999	H11	38,130			
2000	H12	39,613	改正:名称変更 「建築用塗膜防水材」 （外壁用との統合）	改定:第5版 L-UF,L-US 硬化物比重換算	ト:駐車場,ワ:超速硬化吹 付け,ヨ:6mm厚
2001	H13	38,742	中央省庁再編		
2002	H14	36,795	NUK／環境対応型ウレタン防水材システム認定制度発足		
2003	H15	38,580			
2004	H16	40,562			
2005	H17	43,637	NUK／ホルムアルデヒド自主規制認定制度発足		
2006	H18	41,806	追補（引用JISの改廃）		
2007	H19	42,497			
2008	H20	47,018		改定:第6版 L-UF,L-US 総使用量導入 軽歩行仕様導入	ト:駐車場,ワ:超速硬化吹 付け,ヨ:6mm厚
2009	H21	44,487			
2010	H22	49,529	NUK／VOC自主規制認定制度発足		
2011	H23	50,502	改正 1類⇒高伸長形　2類:廃止 新規:高強度形		
2012	H24	52,249			
2013	H25	53,711			
2014	H26	57,232		改定:第7版 L-UFS,L-UFH, L-USS,L-USH JIS／高強度形の 標準仕様化 （超速硬化吹付け）	ヤ:駐車場,マ:超速硬化 吹付け2mm厚,ケ:高伸長／ 高強度複合,ヨ:6mm厚
2015	H27	57,125			

| 国土交通省（建設省） | | | | 全国防水工事業協会（全防協） | |
| 新営 | | 改修 | | 防水施工法 | |
標仕（共仕）	監理指針	標仕（共仕）	監理指針	塗り工法	吹付け工法
改定:共仕 X-2,X-3,X-1 硬化物比重換算 X-1,X-2:3mm	改訂 H05年版に同じ				
		改定共仕 密着:X-2,X-3,絶縁:X-1, 硬化物比重換算 X-1,X-2:3mm	改訂 膜厚確保:使用量管理 超速硬化吹付けに言及		
				改訂:五訂版 緩衝:例示仕様なし, 密着:L-UF準拠	改訂:五訂版 密着:ワ準拠
改定:共仕 X-3廃止,立上り2mm	改訂:共仕以外の工法に 超速硬化吹付け				
		改定:共仕 X-3廃止　立上り2mm	改訂:共仕以外の工法に 超速硬化吹付け		
建築（改修）工事共通仕様書　⇒　公共建築（改修）工事標準仕様書					
改定:標仕 H13年版に同じ	改訂:標仕以外の工法 超速硬化吹付け	改定:標仕 H14年版に同じ	改訂:標仕以外の工法 超速硬化吹付け		
				改訂:2005年版 緩衝:L-US準拠 密着:L-UF準拠	改訂:2005年版 密着:ワ準拠
改定:標仕 H16年版に同じ	改訂 H16年版に同じ	改定:標仕 H16年版に同じ	改訂 H16年版に同じ		
改定:標仕 H19年版に同じ	改訂 H19年版に同じ	改定:標仕 H19年版に同じ	改訂 H19年版に同じ		
				改訂:七訂版 緩衝:X-1準拠 密着:X-2準拠	改訂:七訂版 密着:ワ準拠
改定:標仕 H22年版に同じ	改訂:標仕以外の工法 超速硬化吹付け JIS／高強度形	改定::標仕 H22年版に同じ	改訂:標仕以外の工法 超速硬化吹付け JIS／高強度形		

年		出荷量(t)	JIS A 6021	日本建築学会 JASS 8	
				標準仕様	参考仕様
2016	H28	56,899	NUK／環境6基準適合自主規制認定制度発足		
2017	H29	56,266			
2018	H30	57,711			
2019	H31 R01	56,834			
2020	R02	55,419			
2021	R03	57,992			
2022	R04	58,174	改正: (旧1類) の削除 一般用⇒平場用 硬化物密度⇒硬化物比重	改定:第8版 【構成・節立ての変更】 標準使用量の見直し 1工程当たりの 防水材使用量変更	仕様内容は第7版に同じ 仕様記号は廃止

国土交通省（建設省）				全国防水工事業協会（全防協）	
新営		改修		防水施工法	
標仕（共仕）	監理指針	標仕（共仕）	監理指針	塗り工法	吹付け工法
MOCAを含む防水材等の取扱い及び特殊検診項目に関する特化則等の改正					
改定:H28年版 H25年版に同じ 仕上塗料の 種類・使用量:特記	改訂:H28年版 H25年版に同じ	改定:H28年版 H25年版に同じ 仕上塗料の 種類・使用量:特記	改訂:H28年版 H25年版に同じ		
				改訂:八訂版 絶縁:X－1準拠※ 密着:X－2準拠※ 仕上げ塗料:0.2kg/㎡	改訂:八訂版 密着:L-UFH準拠
改定:H31年版 H28年版に同じ	改訂:R01年版 H28年版に同じ	改定:H31年版 H28年版に同じ	改訂:R01年版 H28年版に同じ		
改定:R04年版 H31年版に準拠 1工程当たりの 防水材使用量の変更	改訂:R04年版 R01年版に準拠 図・表の見直し	改定:R04年版 ウレタンゴム系高強度形 塗膜防水工法の標準化 (X-1H,X-2H)	改訂:R04年版 改修標仕改定に伴う変更 図・表の見直し 標仕以外の工法から ウレタン防水削除		

第2章

ウレタン塗膜防水用材料

第2章　ウレタン塗膜防水用材料

　ウレタン塗膜防水層は，プライマー・ウレタンゴム系防水材・保護仕上塗料（トップコート）を基本構成として形成される。ウレタン塗膜防水層の性能が長期間維持され，機能が効果的に発揮されるためには，様々な材料が副資材として用いられる。

２．１　ウレタンについて

　我々の身の回りにあるウレタンは，ポリウレタン（PUと略される）のことであり，高分子化合物（ポリマー）の一種である。これは，ポリマーを構成する要素物質（モノマー）が，ウレタン結合と呼ばれる結合方法でつながっているためである。

MEMO

ポリエチレンやポリ塩化ビニルなどの高分子化合物は，エチレンや塩化ビニルという物質がつながってできているが，ポリウレタンや後述するポリウレアは，ウレタンやウレアという物質がつながってできているわけではない。ウレタン結合やウレア結合という結合方法でつながっている高分子化合物という意味である。

なお，ウレタン（カルバミン酸エチル）やウレア（尿素）という名前の化学物質も存在するが，ポリウレタンやポリウレアとは無関係である。

　ポリウレタンは，原料と加工法の組合せにより，非常に軟らかいものから非常に硬いものまで，泡状（スポンジ状）のものから緻密なブロックまで，粉末・ペレット・繊維・フィルム・シート状のものから溶剤に溶かした溶液タイプまで様々な態様があり，色々な分野で広く使われている。主なウレタン製品は次の通り。

- ・軟質フォーム：自動車・寝具・家具用のクッション材
- ・硬質フォーム：冷蔵庫用断熱材，建築用断熱板，現場発泡断熱スプレー，防水用断熱材
- ・半硬質フォーム：自動車用内装部品（クラッシュパッド，アームレスト）
- ・成形材料：ロール（製鉄・製紙用），ブレード（コピー機），ソリッドタイヤ（土木現場用重車両〜ローラースケート），チューブ・ホース，フィルム，靴底
- ・塗料，接着剤，インキ
- ・建築・土木分野：防水材，床材，シーリング材，弾性舗装材（陸上競技場トラック），歩経路
- ・その他：合成皮革，弾性繊維，医用材料

　これらの中で，防水材として用いられるのは，ゴム弾性（引張ると伸び，放すと元に戻る性質）を有するポリウレタンであり，そのためウレタンゴム系防水材と呼ばれる。

2.2　ウレタンゴム系防水材の構造

　防水材に使用されるポリウレタンは，強度や耐久性を発揮するための“硬い部分（ハードセグメント）”と伸びや柔軟性を発揮するための“軟らかい部分（ソフトセグメント）”が交互に並んだような構造（長い分子構造）になっている。そして，隣同士の分子のハードセグメント部分はしっかり結びつき，ソフトセグメント部分は自由に伸び縮みできる。（図2.1参照）

ハードセグメント　ソフトセグメント

図2.1　ウレタンゴム系の模式図[1]

　ウレタンゴム系防水材に使用される化学物質としては，ハードセグメントを構成するジイソシアネート（TDI, MDI, IPDI等）と鎖延長剤（MOCA, DETDA等のポリアミン），ソフトセグメントを構成するPPG等のポリオールがある。

2.3　ウレタンゴム系防水材の原料

2.3.1　イソシアネート（ジイソシアネート）

　ポリウレタンの主要原料であるイソシアネートは，分子中にイソシアネート基（—NCO）という化学構造を有する物質であり，このイソシアネート基は非常に反応性に富み，色々な化学反応を起こす。その中で，ウレタンゴム系防水材と関係が深い反応は，以下の通り。

　1）化学反応-1：ポリオール中の水酸基（—OH）と反応して，ウレタン結合を生成
$$—NCO \quad + \quad —OH \quad \rightarrow \quad —NHCOO—$$
　　（イソシアネート基）　（水酸基）　（ウレタン結合）
　2）化学反応-2：ポリアミン中のアミノ基（—NH$_2$）と反応して，ウレア結合を生成
$$—NCO \quad + \quad —NH_2 \quad \rightarrow \quad —NHCONH—$$
　　（イソシアネート基）　（アミノ基）　（ウレア結合）

3）化学反応-3：水（H_2O）と反応して，ウレア結合を生成し，炭酸ガス（CO_2）を発生

$$2（—NCO） \quad + \quad H_2O \quad → \quad —NHCONH— \quad + \quad CO_2\uparrow$$

（イソシアネート基）　　　（水）　　　（ウレア結合）　　（炭酸ガス）

　ウレタンゴム系防水材の原料として用いられるイソシアネートは，分子中に2個のイソシアネート基を有するジイソシアネートであり，TDI，MDI，IPDIがその代表である。

MEMO

イソシアネートは，反応3）で示したように，水（夜露，下地の水分，雨など）と反応して炭酸ガスを発生するため，ピンホールやふくれの発生につながる。ドレン回り等，膜厚が厚くなりやすい部位では，特に注意が必要である。

MEMO

イソシアネートは，ドイツ語でも英語でも"ISOCYANATE"と綴るが，ドイツ語読みでは"イソシアナート"，英語読みでは"アイソサイアネート"となる。従って，"イソシアネート"という呼び方は，ドイツ語と英語がチャンポンになった日本語であるため，昔はこの呼び方を嫌う人もいた。現在では，防水業界に限らず，法令も含めて，"イソシアネート"が定着している。

表2．1　代表的なジイソシアネート

項　目	TDI
物質名	トリレンジイソシアネート 別名：トルエンジイソシアネート
CAS番号	26471-62-5：異性体混合物及びメチル基の位置不明のTDI 584-84-9　：2,4-TDI 91-08-7　：2,6-TDI
分子式	$C_9H_6N_2O_2$
構造式	 2,4-TDI　　　　　　2,6-TDI （ウレタン防水材用としては，2,4体：80%，2,6体：20%の混合物を使用する）
分子量	174
労働安全衛生法	労働安全衛生法施行令別表第9：405号 特定化学物質

項　目	MDI
物質名	メチレンビス (4,1-フェニレン)＝ジイソシアネート 別名：4,4'-ジフェニルメタンジイソシアネート
CAS番号	101-68-8
分子式	$C_{15}H_{10}N_2O_2$
構造式	OCN—〈 〉—CH$_2$—〈 〉—NCO
分子量	250
労働安全衛生法	労働安全衛生法施行令別表第9：599号

項　目	IPDI
物質名	3-イソシアナトメチル-3,5,5-トリメチルシクロヘキシル＝イソシアネート 別名：イソホロンジイソシアネート
CAS番号	4098-71-9
分子式	$C_{12}H_{18}N_2O_2$
構造式	H_3C CH_3／CH_3／CH_2NCO／OCN
分子量	222
労働安全衛生法	労働安全衛生法施行令別表第9：40号

2.3.2　ポリオール（ポリエーテルポリオール）

　ポリオールとは，水酸基（—OH）を2個以上有する化学物質をいう。

イソシアネートと反応してウレタン結合を生成するポリオールとしては，PPG（ポリプロピレングリコール）がある。PPGは，約1000〜5000程度の分子量で，水酸基（—OH）を2個以上有し，ポリエーテルポリオールとも呼ばれ，ウレタンゴム系防水材に伸びと柔らかさを付与するソフトセグメントを形成する。

　PPGはジイソシアネートと反応させたプレポリマーとして，2成分形ウレタンゴム系防水材の主剤に含まれるとともに，硬化剤の成分の一つになっている。

表2.2　代表的なポリオール

項　目	PPG
物質名	ポリプロピレングリコール
CAS番号	25322-69-4：OH数2の場合 25791-96-2：OH数3の場合
分子式	―
構造式	HO-(C$_3$H$_6$O)n-H：OH数2の場合
分子量	OH数2〜3で分子量が1000〜5000
労働安全衛生法	該当せず

MEMO

グリコールとは，水酸基が2個という意味であるが，ポリプロピレングリコール (PPG) はプロピレングリコールというモノマーがたくさんつながったものという意味であり，PPGには水酸基を3個以上有するものも含まれる。モノマーがエーテル結合でつながっているため，ポリエーテルポリオールとも呼ばれる。

2.3.3　ポリアミン

ポリアミンとは，アミノ基 (―NH$_2$) を2個以上有する化学物質をいう。

イソシアネートと反応してウレア結合を生成するポリアミンとしては，MOCA (又はMBOCA)，DETDAがある。MOCAはTDIとの組合せで，DETDAはMDI又はIPDIとの組合せで用いられることが多い。

ポリアミンは，2成分形ウレタンゴム系防水材の硬化剤中に含まれる。

表2.3　代表的なポリアミン

項　目	MOCA (MBOCA)
物質名	3,3'-ジクロロ-4,4'-ジアミノジフェニルメタン 別名：4,4'-メチレンビス (2-クロロアニリン)
CAS番号	101-14-4
分子式	C$_{13}$H$_{12}$Cl$_2$N$_2$
構造式	
分子量	267
労働安全衛生法	労働安全衛生法施行令別表第9：242号 特定化学物質

項　目	DETDA
物質名	ジエチルメチルベンゼンジアミン 別名：ジエチルトルエンジアミン
CAS番号	68479-98-1
分子式	$C_{11}H_{18}N_2$
構造式	
分子量	178
労働安全衛生法	労働安全衛生法施行令別表第9：該当せず

MEMO

MOCAは元来，開発・製造元の米国デュポン社の登録商標であった。従って，欧米では，一般名としてMBOCAが使われてきたと推測される。

なお，MOCA／MBOCAは，下記の名称の頭文字をとったものである。

4,4'-**m**ethylene-**b**is (**o**rtho-**c**hloro**a**niline)　[別表記：4,4'-methylene-bis (2-chloroaniline)]

2.3.4　潜在性硬化剤

1成分形ウレタンゴム系防水材は，水分（空気中の湿気，下地中の水分等）と反応してアミノ基や水酸基を生成する化学物質を含んでおり，この化学物質を潜在性硬化剤と呼ぶ。生成したアミノ基や水酸基がイソシアネート基と反応して，防水材が硬化する。

潜在性硬化剤は，防水材メーカーにより異なるため，その性状に合わせた使い方に注意を要する。

2.4　ウレタンゴム系防水材

ウレタンゴム系防水材は，1成分形と2成分形に大別される。ウレタン防水がJASS 8の標準仕様に採用された1980年代では，2成分形は，硬化剤の組成によって，カラーウレタン，カーボンウレタン，タールウレタン等があったが，現在では，カラーウレタンに一本化されている。表2.4にそれぞれの代表的組成を示す。

近年，環境負荷低減が求められ，防水材メーカー各社より環境負荷物質を低減した1成分形と2成分形のウレタンゴム系防水材が開発され，日本ウレタン建材工業会認定の「環境対応型ウレタン防水材システム」として上市されている。

ウレタンゴム系防水材を使用するに際しては，材料メーカー各社が発行しているSDS（安全データシート）を熟読の上，記載された注意事項等を厳守することが肝要である。

表2.4　ウレタンゴム系防水材の種類と硬化剤の組成

種類		主剤	硬化剤	
			架橋剤	充填剤等
1成分形		ウレタンプレポリマー	潜在性硬化剤	充填剤（炭酸カルシウム等）顔料, 可塑剤, 触媒, 安定剤等
2成分形	タールウレタン	ウレタンプレポリマー	コールタールポリオール	炭酸カルシウム, 可塑剤等
	カーボンウレタン		ポリオール	カーボンブラック,炭酸カルシウム, 可塑剤等
	カラーウレタン		ポリアミンポリオール	顔料, 炭酸カルシウム, 可塑剤等
	超速硬化ウレタン			顔料等
	ポリウレア		ポリアミン	顔料等

MEMO

上下水道施設等の防食ライニング分野では，ポリウレアスプレー製品が使用されている。

ポリウレアスプレー製品は，ポリウレタンスプレー製品と同様に，主剤と硬化剤を専用吹付け機で混合・反応させて硬化塗膜を形成する材料である。

ポリウレアスプレー製品の主剤は，ポリウレタンスプレー製品の主剤と同様，イソシアネートとポリオールを反応させて得られるプレポリマー（イソシアネート基を含む）であり，ウレタン結合を含んでいる。

ポリウレアスプレー製品の硬化剤は，DETDA等のポリアミンと組み合わせて，ポリウレタンスプレー製品で使用されるポリエーテルポリオールの代わりにポリエーテルポリアミンを使用するため，硬化反応で生成する結合はウレア結合のみであるが，主剤中にウレタン結合を含むため，ポリマーの構造的には，「ポリウレタン・ポリウレア」である。

一方，塗膜防水用に上市されているウレタン製品は，手塗りタイプも吹付けタイプも硬化剤にポリアミンを含むためウレア結合を生成し，ポリマーの構造的には，同じく「ポリウレタン・ポリウレア」である。

2.4.1　ウレタンゴム系防水材の規格

　ウレタンゴム系防水材は，ウレタンゴム系1類と2類に区分されていたが，2011年のJIS A 6021の改正により，ウレタンゴム系2類を廃止すると共に，ウレタンゴム系高強度形を新設し，旧規格の1類の名称をウレタンゴム系高伸長形（旧1類）に変更し，その後2022年の改正で，（旧1類）の表記を削除し，さらに「硬化物密度」を「硬化物比重」に変更した。JIS A 6021における規定項目および規格値を表2.5に示す。

MEMO

2011年のJIS改正理由としては，用途の多様化により通常の歩行及び車両の走行に耐える高強度・高耐久性能，熱負荷に対する耐熱性能，植栽に対する耐根・耐薬品性能などが必要とされ，さらに，VOC規制に代表される環境に配慮した製品に対する要求に応えるため，新しい区分の設定および旧規格の規定値の見直しが必要になった。一方，JIS制定当時のウレタンゴム系防水材はタールウレタン，カーボンウレタン（ノンタールウレタン），カラーウレタンの三本柱で構成されていたが，環境規制（コールタールの使用中止）や施工時の作業者の汚れ対策（黒色防水材の衰退）などによって，グレー色系のカラーウレタンが主流となり，カーボンウレタンを主な対象に制定したウレタンゴム系2類が市場性を失った。

MEMO

2022年のJIS改正のポイント

①2011年の改正で「"高伸長形"という名称が市場に定着したら"（旧1類）"を削除する」としていたが，改正後10年を経て，削除が可能になった。

②平場用の防水材の区分名を"一般用"としていたが，仕様書等へ引用した場合，何を意味するか分からず，区分名としては不適切との指摘があり，"一般用"を"平場用"に変更した。

③試験項目"硬化物密度"の単位"Mg/㎥（メガグラム／立方メートル）"になじみがなく，直感的に分かりにくく，使用量を誤る可能性があるとの指摘があり，無単位の"硬化物比重"に変更した。

表2.5 ウレタン防水材の規格（JIS A 6021：2022）

項 目			ウレタンゴム系	
			高伸長形	高強度形
引張性能	引張強さ　　N/mm²	試験時温度　　23℃	2.3以上	10以上
		試験時温度　−20℃	2.3以上	10以上
		試験時温度　　60℃	1.4以上	6.0以上
	破断時の伸び率　%	試験時温度　　23℃	450以上	200以上
	抗張積　　　　N/mm	試験時温度　　23℃	280以上	700以上
	破断時のつかみ間の伸び率　　　%	試験時温度　　23℃	300以上	120以上
		試験時温度　−20℃	250以上	100以上
		試験時温度　　60℃	200以上	100以上
引裂性能	引裂強さ　　　　　　　　　　N/mm		14以上	30以上
加熱伸縮性能	伸縮率　　　　　　　　　　　　%		−4.0以上1.0以下	−1.0以上1.0以下
劣化処理後の引張性能	引張強さ比　　%	加熱処理	80以上	80以上
		促進暴露処理	60以上	60以上
		アルカリ処理	60以上	60以上
		酸処理	80以上	80以上
	破断時の伸び率　%	加熱処理	400以上	180以上
		促進暴露処理	400以上	180以上
		アルカリ処理	400以上	180以上
		酸処理	400以上	180以上
伸び時の劣化性状		加熱処理	いずれの試験片にもひび割れ及び著しい変形があってはならない。	
		促進暴露処理		
		オゾン処理		
たれ抵抗性能[a]		たれ長さ　　　mm	いずれの試験体も3.0以下。	
		しわの発生	いずれの試験体にもあってはならない。	
固形分　　　　　　　　　　　　　　　%			表示値±3.0	
硬化物比重			表示値±0.1	
注) [a]　平場部に用いる平場用には適用しない。				

ウレタン防水材の製品分布（引張伸び−応力特性）を図2．2に示す。

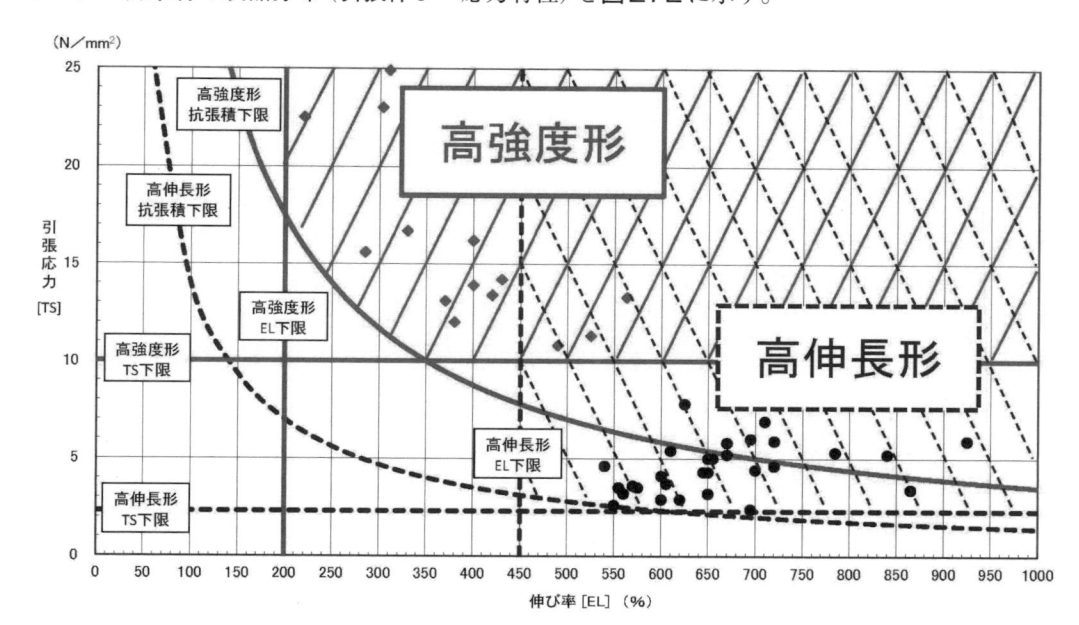

図2．2　ウレタン防水材の製品分布（引張伸び―応力特性）

2．4．2　ウレタンゴム系防水材の種類

1）1成分形ウレタンゴム系防水材

　　1成分形は材料を塗布した後，空気中の水分を利用して常温下で硬化反応して，ゴム弾性のある塗膜を形成する湿気硬化型の材料である。

　　1成分形湿気硬化型ウレタンの材料は，ウレタンプレポリマー（イソシアネート化合物とポリオールを反応させた合成物）に，潜在性硬化剤，充填剤，可塑剤，顔料，触媒，安定剤等を練り混ぜた液状材料である。

　　潜在性硬化剤の種類・性状に応じて使用法が異なるため，防水材メーカーの指示を守る必要がある。

2）2成分形ウレタンゴム系防水材（手塗りタイプ）

　　主剤と硬化剤の2成分の材料を混合，塗布した後，常温下で硬化反応してゴム弾性のある塗膜を形成する材料である。

　　主剤はイソシアネート化合物とポリオールを反応させた合成物であるウレタンプレポリマーで分子末端にイソシアネート基（−NCO）を持たせた粘ちょう性のある液体である。また，硬化剤はイソシアネート基と反応するアミン，ポリオール等に充填剤，可塑剤，顔料，触媒，安定剤等を練り混ぜたペースト状液体である。

　　ウレタンゴム系防水材には，圧送機を用いてウレタンゴム系防水材を屋上やベランダ等に強力圧送・連続供給するシステムがあり，作業効率の向上に加え，荷揚げ作業の短縮や廃材の大幅削減が図れる特長を有する。スタティックミキサー部で自動混錬されるので，撹拌不良の心配がない。一方，1成分形ウレタンゴム系防水材は，撹拌不良の心配はなく強力圧送・連続供給できる。

3）2成分形ウレタンゴム系防水材（吹付けタイプ超速硬化ウレタンゴム系防水材システム）

　　超速硬化ウレタンゴム系防水材システムは，吹付け機を用いて2成分を各々に高圧圧送し，スプレーガン部で混合させて吹付け施工する。なお，短時間で硬化するため一般部と立上り部が共通の材料で施工できる。ただし，吹付け機は防水材メーカーにより異なるため，施工に際しては防水材メーカーの指導を得る必要がある。

　　主剤はイソシアネート化合物，硬化剤はアミン，ポリオール等を混合した液体であり，一般的に使用時に調色した顔料を添加する構成である。

　　また，施工後に形成された塗膜は高強度・高抗張積であり下地追従性に優れた性能を有する材料である。

2.4.3　2成分形ウレタンゴム系防水材の混合比

　2成分形ウレタン防水材においては，主剤の一定量と反応する硬化剤の量は定められており，防水材メーカーの指定する混合比率は厳守すべきである。混合比は防水材メーカーにより1：1，1：2，1：3等製品によって異なるため十分注意する。

　主剤・硬化剤の指定された調合割合は勝手に変えてはならない。割合を変化させることは物性低下を招くこととなる。調合誤差は±5％以下とし極力計量誤差を避けることが大切である。

2.4.4　ウレタンゴム系防水材の希釈

　冬期施工等，練り混ぜた防水材の粘度が高く施工が困難な場合は，防水材メーカーの指定する減粘剤により希釈してもよい。ただし減粘剤の添加量は物性の低下および硬化時における収縮の発生を考慮し，練り混ぜ量に対し5％を超えてはならない。

　減粘剤の調合は適切な計量容器を使用し，常時計量を行う必要がある。減粘剤の混合にあたっては，一般には，主剤と硬化剤を攪拌した後の混合状態や粘度を考慮し，添加する。

MEMO

ウレタン防水材は，希釈をせずに使用することを前提に，防水材メーカーにより製品化されているので，不用意に希釈することは不具合の原因となる。

希釈には，防水材メーカーの指定する減粘剤を用いる必要があり，それ以外の「希釈用溶剤」，「工具洗浄用溶剤」，「塗料用溶剤」，「再生溶剤」等を使用してはならない。これらの溶剤には，ウレタン防水材の主剤中のイソシアネート成分と反応し，ウレタン防水材の硬化不良の原因となるメタノール等が含まれている。

また，トルエン，キシレン等の溶剤を含まない環境対応ウレタン防水材には，製品固有の溶剤類が使用されているため，専用溶剤以外では材料の分離や硬化不良を起こす。

2.5　副資材

　ウレタン防水工法は，密着工法と絶縁工法に大別され，それぞれの工法に見合う副資材が使用される。なお，絶縁工法は，通気緩衝工法とも呼ばれる。

MEMO

公的な標準仕様における呼称は，以下の通りである。

　日本建築学会「JASS 8-2022」：密着仕様，絶縁仕様

　国土交通省「公共建築工事標準仕様書 令和4年版」：密着工法，絶縁工法

　全国防水工事業協会「防水施工法 八訂版（2017年）」：密着工法，絶縁工法

2.5.1 補強布

密着工法でウレタン塗膜防水層を施工する場合，通常，合成繊維織布，ガラス繊維織布等で防水層を部分的あるいは全面的に補強する工法が採用されている。これらの織布等を総称したものが補強布であり，それを使用する効果として次の点が挙げられる。

1）ウレタン塗膜防水材を補強布に均等に塗り込むため，必要な塗膜厚さを確保しやすい。

2）立上り部あるいは傾斜面において，補強布が硬化途中のウレタンゴム系防水材を保持するので，タレ下がりを抑制することができる。

3）下地ひび割れが発生した場合，ウレタン塗膜防水層の同時破断あるいはクリープ破断の危険を低減できる可能性がある。

MEMO

以前は，ポリエステル系の合成繊維不織布タイプが市販されていたが，現在では市場から姿を消している。

2.5.2 通気緩衝シート

絶縁工法（通気緩衝工法）では，ウレタン塗膜防水層の破断やふくれの防止を目的として，特殊加工したプラスチック発泡体，ポリマー改質アスファルト，ゴムシートおよび不織布等を素材とするシート状材料が通気緩衝シートとして使用されている。代表的な通気緩衝シートの種類を**表2.6**に示すが，防水材メーカーの指定する材料と施工法を守ることが大切である。

通気緩衝シートには接着剤で張り付けるもの，自着層付で接着剤塗布工程を除いたもの，シート自体に穴があけられ，その穴にウレタン防水材を充填して部分的に張り付けるものがある。

通気緩衝シートを使用する効果として，次の2点が挙げられる。

1）下地ひび割れ抵抗性

ウレタン塗膜防水層が直接下地に接着しないため，下地にひび割れが発生しても発生した応力が緩和され，防水層の負担を軽減し，防水層の破断が防止される。

2）ふくれ発生防止

下地に含まれる水分は温度の上昇によって水蒸気となり防水層に圧力を及ぼすが，通気緩衝シートの通気層を通して空気・湿気が連通し，設置された脱気装置より排気され，防水層のふくれが防止される。

表２．６　通気緩衝シートの種類と特長

種　別		特　長
不織布タイプ	穴なし	特殊加工した不織布等の表層と通気層となる不織布の下層が積層されている。下地に接着剤を塗布して張り付ける。
	穴あり	特殊加工した不織布等の表層と通気層となる不織布の下層が積層され，一定間隔で全体に穴あき加工されている。 下地に接着剤を塗布して張り付けた後で立上り用又は目止め用ウレタン防水材をシートの穴に充填して取り付ける。
複合タイプ	自着	特殊加工した表面フィルム等に，改質アスファルト・不織布・プラスチック発泡体・プラスチックフィルム・ガラスクロス・ゴムシート等を積層し，最下層に改質アスファルトやブチルゴムによる自着層を設けている。 下地にプライマー塗布後に直接張り付ける。
	接着剤	特殊加工した表面フィルム等に，改質アスファルト・不織布・プラスチック発泡体・プラスチックフィルム・ガラスクロス・ゴムシート等を積層したもの。 下地に接着剤を塗布して張り付ける。
	機械的固定	特殊加工した表面フィルム等に,改質アスファルト・不織布・プラスチック発泡体・プラスチックフィルム・ガラスクロス・ゴムシート等を積層したもの。 下地にディスクとアンカーを用いて固定する。

2.5.3　プライマー

　プライマーは，ウレタン塗膜防水層を下地に強固に接着させるためのもので，コンクリート等の防水下地に塗布すると，その表面に一部浸透して強固に付着した皮膜を作り，下地と防水層の接着性を向上させる効果がある。

　コンクリート下地用のプライマーとしては１成分形湿気硬化型ウレタンの有機溶剤溶液が一般的であるが，鉄板・FRP等の下地には適切ではなく，エポキシ系等の防水材メーカーの指定するプライマーを使用する必要がある。

　プライマーの固形分は20～50％のものが多く，刷毛，ローラー刷毛，または吹付け機等により容易に塗布できるように比較的低粘度な液体となっている。

　プライマーには，キシレン，トルエンのような強溶剤を使用していない環境に配慮した材料（弱溶剤型，水系（エマルション系）等）も用意されているが，強溶剤型とは施工の注意点が異なる場合があるので，注意が必要である。

　ウレタン塗膜防水工事を行うに際し，特に改修工事では，下地の種類は多岐にわたっており，適切な下地処理方法の選択・既存下地に接着が有効なプライマーを選択しなければならない。更に，下地条件だけでなく，工期や臭気等の環境条件等も加わってくるので，防水材メーカーの指定するものを使用する。

　表２．７に，プライマーに関する留意点を示す。

表2.7　ウレタン塗膜防水用のプライマーに関する留意点

①プライマーは，作業性や性能を配慮して濃度が調整されているため，勝手に希釈剤等を加えてはならない。

②下地にはコンクリート・モルタル以外にも様々な下地材があり，改修工事では既存防水材料の種別や仕上材料が不明な場合等のケースがある。その際は工事着工前に，プライマーの接着試験を実施することが必要である。

③プライマーの塗布量は一般的なコンクリート下地を想定した塗布量であって，下地の種類や状態によって増減がある。下地には，プライマーが浸み込みにくい下地と浸み込み易い下地があり，規定量のプライマーでは過不足を生じる場合もある。いずれの場合もプライマーの皮膜が充分に形成されているかを管理することが重要である。

④2成分形では，材料を混合してから，塗布完了までの時間管理が重要である。

⑤改修における既存ウレタン防水層への塗り重ねや，ウレタン防水材の塗布間隔が空いた場合等には，層間プライマーを用いる。

MEMO

JASS 8では，プライマーの性能として，8時間以内（23℃）に指触乾燥するものと規定している。試験方法は，JIS K 5600-1-1：1999（塗料一般試験方法 − 第1部：通則 − 第1節：試験一般（条件及び方法））4.3乾燥時間　4.3.5評価a）による。

MEMO

①1成分形ウレタン系プライマーは水分と反応し，プライマーとしての機能を失うため，降雨にあった場合は，防水材メーカーの指定する方法によって，プライマーの再塗布を行う。

②雨が降りそうな時に，下地の濡れ防止のためにプライマーを塗布することは，厳禁である。

③プライマーのオープンタイムは，プライマーの種類により異なるので，防水材メーカーの指定する時間を守る必要がある。

④冬期等の低温時には，溶剤のみが揮散（蒸発）し，樹脂成分は未硬化（未反応）の場合があるため，注意が必要である。

2.5.4　接着剤

接着剤は，通気緩衝シートを下地に接着するために用いられるもので，クロロプレンゴムの有機溶剤溶液タイプとアクリル樹脂系エマルションタイプ，さらに1成分形および2成分形反応硬化ウレタン樹脂系がある。なお，接着剤のオープンタイムは種類により異なるので，防水材メーカーの指定する時間を守る必要がある。

MEMO

オープンタイムとは，接着剤を下地等の被着面に塗布してから，通気緩衝シート等を張り付ける迄の適切な待ち時間。この時間は接着剤の使用量，接着剤に含まれる溶剤の種類および量，施工時の温度，湿度等の環境条件，被着体の表面状態等により影響を受ける。この時間が適切でないと，充分な接着力が得られず剥離やふくれの原因となる。

MEMO

接着剤は，通気緩衝シートの材質・性状に合せて調整してあるため，溶剤による希釈をしてはならない。

2.5.5　保護仕上塗料（トップコート）

ウレタン塗膜防水工法では，一般的に防水層の保護を目的として表層仕上げが行われる。使用目的，施工部位等により種々の仕上仕様があり，大別して「保護塗料仕上げ」，「舗装仕上げ」と「保護モルタル仕上げ」の3種類に分類される。この仕上層は防水層の耐候性・耐久性向上や凹凸の付与（粗面仕上げ）等の重要な役割を果たすものである。

保護仕上塗料はウレタン塗膜防水層の最上層に塗布し，防水層の保護および美観の付与を目的として使用されるもので，2成分形アクリルウレタン系塗料が一般的であるが，環境対策や必要とする機能に応じた保護仕上塗料が用意されているので，防水材メーカーの指定するものを使用する。

　高耐候性塗料：ふっ素系，HALS（ヒンダードアミン光安定剤）複合型アクリルウレタン系，アクリルシリコン系等。

　環境に配慮した塗料：トルエン，キシレン，エチルベンゼン等の強溶剤を含まない弱溶剤系，エマルション系，無溶剤系等。

　粗面仕上げ塗料：アクリル系，エチレン酢ビ系等のエマルション系塗料の骨材入り厚塗りタイプ。

　防火塗料：骨材入り厚塗り保護仕上塗料に，飛び火等に対する防火の効果を付与したもの。

　高日射反射率塗料：太陽光の近赤外領域を効果的に反射させる保護仕上塗料。

表2.8に，保護仕上塗料に関する留意点を示す。

表2.8　ウレタン塗膜防水用の保護仕上塗料に関する留意点

---

①水系は，混合条件や塗布条件に注意を要する。
②アクリルシリコン系やふっ素系は，再塗装性について留意する必要がある。
③骨材入りエマルション系（厚塗りタイプ水系塗料）は，一回で厚塗りを行うと，塗膜に割れができやすい。数回に分けて塗り重ねを行う。
④高日射反射率タイプは，塗装面が汚れると反射効果が薄れるため，定期的な清掃が望ましい。反射率が高いため，まぶしく歩行用には注意を要する。

2.5.6 ウレタン舗装材

　ウレタン舗装材は，防水層を保護するとともに，その上をテニスコート等のスポーツ施設や憩いの場等として利用する目的で，防水層の上に塗り重ねる材料である。弾性層と表面仕上層とで構成され，弾性層に用いられる材料はカラーウレタン防水材に類似しており，ゴム硬度（JISタイプA）は40～75程度で，50～60が一般的である。一方，表面仕上層は，テニスコート等一般スポーツ施設用として2成分形アクリルウレタン塗料等の保護仕上塗料が用いられる。また，粗面仕上げが必要な場合は，高密度発泡ウレタンチップを添加した弾性層形成材料を特殊なスプレーガンで吹き付ける工法等が行われる。

2.5.7　減粘剤（希釈剤）

　低温時等，防水材の粘度が高く塗布しにくい場合，少量の減粘剤を添加すると，施工が容易になる。ただし，減粘剤として，塗料用のシンナー等を用いると，それらの中に防水材の主剤中のイソシアネート基と反応するメタノール等が含有されているため，防水材の主剤と硬化剤が正しく反応しなくなり，未硬化もしくは硬化不良を起こす原因となる。したがって，減粘剤の添加はできれば避けたいが，もし使用する場合は防水材メーカーの指定するものを使用する。

2.5.8　硬化促進剤

　工法・材料に合せて，防水材メーカーの指定するものを使用する。

> **MEMO**
> 　１成分形と２成分形のウレタン防水材では，反応機構が全く異なるため，専用のものを使用しなければならない。
> 　防水材メーカーが指定している硬化促進剤以外では，逆に硬化不良の原因となる場合がある。
> 　また，規定量以上添加することは，促進効果がないだけでなく，硬化不良を引き起こすため，逆効果である。

2.5.9　洗浄剤

１）工具の洗浄には，工具洗い専用の溶剤を使用する。ただし，洗浄剤を減粘剤（希釈剤）として使用してはならない。

２）使用済の溶剤に限らず，水系材料を洗浄した廃液も法令に基づき適正に処理すること。

> **MEMO**
> 　洗浄剤には，ウレタン防水材の主剤中のイソシアネート成分と反応し，ウレタン防水材の硬化不良の原因となるメタノール等が使用されているため，洗浄以外の用途（例えば，ウレタン防水材の希釈等）に用いてはならない。

2.5.10　その他の副資材

　防水層の仕上材または防水材に対して使用目的に沿った特性を付与するために，次のような材料が用いられる。

　イ）粗面仕上材

　　粗面仕上材にはフィライト，ウレタンチップ，低発泡ウレタンチップ，ゴムチップ等があり，種々の粒度のものがある。ウレタン舗装材，保護仕上塗料等に混合して表面に浮き出させ，滑りにくさを付与する。

　　一般に保護仕上塗料，ウレタン舗装材等に混合して使用する場合は，0.1〜1mmの粒度のものを使い，ウレタン舗装材の上に散布する場合は1〜6mmの粒度のものを使用する。

ロ）ダレ止め剤

　粉末タイプの無定形シリカ（アエロジル）等と液状タイプの増粘剤がある。防水材等に混合して，勾配のきつい面，立上り等のダレ止めに使用する。

　過剰に使用すると施工不良の原因となるため，工法に合せて，防水材メーカーの指定する材料・使用量を守ることが必要である。

ハ）シール材（シーリング材）

　ウレタンゴム系防水では，下地のひび割れ部や打継ぎ部，ルーフドレン回り，貫通配管回りその他異種下地の取り合い部の処理に使用する材料で，JIS A 5758（建築用シーリング材）に適合するポリウレタン系（1成分形又は2成分形）を用いるのが一般的である。

ニ）下地処理材

　下地の表面を平滑にしたり強度をあげたりするのに用いる材料である。また，防水工事の前処理材全般も含める。

　代表的な下地処理材は，ポリマーセメント系であり，ポリマーの種類としては，エポキシ系，SBR系，アクリル系，EVA系等があり，使用する界面活性剤の種類により，カチオン系，アニオン系等がある。

　工法に合せて，防水材メーカーの指定するものを使用する。

MEMO

薄塗り用と厚塗り用が用意されている場合は，防水材メーカーの指定する材料を使用すること。安易に水希釈をしないこと。

ホ）絶縁用テープ

　絶縁用テープは，コンクリートの打継ぎ部や，ALCパネル継手支持部の目地部やPCa（プレキャストコンクリート）部材の継手目地部等の大きな動きが想定される部位に張り付けて，下地と防水層を部分的に絶縁するために使用する材料である。

ヘ）機械的固定用金具

　工法・材料に合せて，防水材メーカーの指定するものを使用する。

MEMO

適切な長さのアンカーを使用し，指定された固定ピッチを守ると共に，アンカーの引抜強度を必ず確認する。

ト）脱気装置

　ウレタンゴム系防水の絶縁工法において，下地と防水層の間の湿気を排出するために用いる材料である。その材質や形状，寸法等には多くの種類があるため，工法に合せて，防水材メーカーの指定するものを使用する。

> **MEMO**
>
> 脱気装置（脱気筒）の設置間隔は5m 〜 10mが一般的であり，目安は以下の通りである。
>
> 　日本建築学会「JASS 8-2022」：一般に25 〜 100㎡程度ごとに設置
>
> 　国土交通省「建築工事監理指針 令和４年版」：25 〜 100㎡に１箇所程度
>
> 　全国防水工事業協会「防水施工法 八訂版（2017年）」：一般に25 〜 100㎡程度に１箇所

　チ）笠木及び水切り金物

　　　基本的には，ウレタン防水層の端部には，押え金物は不要である。

　　　ただし，水切りと意匠性を加味する目的で使用する場合もある。この場合，ステンレス製やアルミニウム製等の押出成型加工品と折り曲げ加工品が用いられる。

【参考文献】
(1)最新ポリウレタンの設計・改質と高機能化 技術全集, 技術情報協会 (2007)
(2)岩田敬治編：ポリウレタン樹脂ハンドブック, 日刊工業新聞社 (1987)
(3)松永勝治監修：機能性ポリウレタンの基礎と応用, シーエムシー （2000）
(4)松永勝治監修：最新ポリウレタン材料と応用技術－ポリウレタン創製への道－, シーエムシー （2005）
(5)松永勝治監修：ポリウレタンの化学と最新応用技術, シーエムシー （2011）
(6)古川睦久, 和田浩志監修：機能性ポリウレタンの最新技術, シーエムシー （2015）

【参考発表】
日本建築学会年次大会におけるNUKの発表：梗概
　・川見薫, 秋元幸雄, 鈴木博：超音波膜厚計によるウレタン塗膜防水材の膜厚測定 (2004, #1421)
　・佐々木哲夫, 川見薫, 鈴木博, 清水市朗, 田中享二：超速硬化ウレタンスプレーと防水性能 (2007, #1442)
　・島村浩行, 若林秀幸, 鈴木博, 田中享二：ウレタン塗膜防水材の塗膜厚さの耐疲労性に及ぼす影響 (2008, #1043)
　・若林秀幸, 島村浩行, 鈴木博, 田中享二：超速硬化ウレタン防水層の吹付け厚さの耐疲労性に及ぼす影響 (2008, #1044)
　・北清敏之, 野々直行, 蓮村和人, 島村浩行, 鈴木博, 輿石直幸, 清水市朗：ウレタンゴム系塗膜防水通気緩衝工法の耐風性能 その1　引張接着力試験の結果 (2013, #1368)
　・野々直行, 北清敏之, 蓮村和人, 島村浩行, 鈴木博, 輿石直幸, 清水市朗：ウレタンゴム系塗膜防水通気緩衝工法の耐風性能 その2　JASS 8 耐風試験の結果 (2013, #1369)
　・田中基樹, 蓮村和人, 鈴木博, 輿石直幸：ウレタン防水材料の性能評価試験 その1　手塗り高強度形複合塗膜防水システムの性能評価 その1 (2014, #1609)
　・野々直行, 島村浩行, 鈴木博, 工藤勝, 輿石直幸：ウレタンゴム系塗膜防水通気緩衝工法の耐風性能 その3　端末処理方法の影響 (2014, #1617)
　・島村浩行, 野々直行, 鈴木博, 工藤勝, 輿石直幸：ウレタンゴム系塗膜防水通気緩衝工法の耐風性能 その4　通気路内の圧力の影響 (2014, #1618)
　・蓮村和人, 田中基樹, 小関晋平, 鈴木博, 輿石直幸, 石原沙織：ウレタン防水材料の性能評価試験 その2　手塗り高強度形複合塗膜防水システムの引張性能評価 (2016, #1359)
　・田中基樹, 蓮村和人, 小関晋平, 鈴木博, 輿石直幸, 石原沙織：ウレタン防水材料の性能評価試験 その3　手塗り高強度形複合塗膜防水システムの追従性能・耐疲労性能評価 (2016, #1360)
　・田中秀斉, 島村浩行, 工藤勝, 鈴木博, 輿石直幸：ウレタンゴム系塗膜防水通気緩衝工法の耐風性能 その5　防水層の内部圧力の及ぼす脱気筒と防水仕様の影響 (2016, #1361)
　・島村浩行, 田中秀斉, 鈴木博, 輿石直幸：ウレタンゴム系塗膜防水通気緩衝工法の耐風性能 その6　耐風性能における脱気筒の効果確認 (2016, #1362)
　・島村浩行, 田中秀斉, 工藤勝, 鈴木博, 輿石直幸：ウレタンゴム系塗膜防水通気緩衝工法の耐風性能 その7　実大脱気筒を用いた送風試験による効果の確認 (2017, #1405)

第3章

防水仕様

NUK仕様（日本ウレタン建材工業会）

　ウレタン塗膜防水は要求グレード，使用部位，下地の種類，工程数等により各種の仕様が考えられ，その内容は多岐にわたっている。工法は，大きく絶縁工法と密着工法の２種類に分類できるが，細部に

手塗り／吹付けタイプ		手塗りタイプ					
NUK／仕様No.		1		2		3	
JIS／材料区分		高伸長形					
工法		平場（絶縁）		平場（断熱）		平場（密着）	
工程	1	通気緩衝シート （各種通気緩衝シートの固定方法及び ジョイント／端部処理は下記※1参照）		断熱材 （断熱材の固定方法は下記※2参照）		プライマー	0.2
	2	ウレタンゴム系 高伸長形防水材	3.0	通気緩衝シート		ウレタンゴム系高伸長形 防水材補強布張り	0.3
	3	ウレタンゴム系 高伸長形防水材		ウレタンゴム系 高伸長形防水材	3.0	ウレタンゴム系 高伸長形防水材	2.7
	4	―		ウレタンゴム系 高伸長形防水材		ウレタンゴム系 高伸長形防水材	
	保護・仕上げ-1	保護仕上塗料	0.2	高反射率保護仕上塗料	02～ 0.4	保護仕上塗料	0.2
	保護・仕上げ-2						
適用部位	屋根	○		○		○	
	開放廊下					○	
	ベランダ					○	
	ルーフバルコニー	○		○		○	
	庇						
	室内						
	駐車場						
	観客席						
	勾配屋根						
	植栽						
下地区分	RC	○		○		○	
	PCa	○		○		○	
	ALC	○		○		○	
	金属						
標準仕様	公共建築工事 標準仕様書	X-1				X-2	
	公共建築改修 工事標準仕様書	POX／X-1				L4X／X-2	
	日本建築学会 JASS 8 防水工事	L-USS				L-UFS	
備考		※1 ・通気緩衝シートは防水材メーカー 　　の指定による。 　　・種類詳細は下記参照		※2 ・断熱材およびシート敷設・固定方法 　　は防水材メーカーの指定による。 　　・非歩行に限る。			

注1 表中のウレタンゴム系防水材の使用量は，硬化物比重が1.0である材料の場合を示しており，硬化物比重がこれ以外の場合にあっては，
　　所定の塗膜厚さを確保するように使用量を換算する。
　2 ウレタンゴム系防水材の使用量は，総使用量を示しており，使用するウレタンゴム系防水材の性状や下地の状況等により，工程数を増やすことができる。
　3 パラペット天端部のように，水平面であっても雨水の長期滞留の可能性がない部位については，立上り部の仕様を適用する。
　4 絶縁工法において，脱気装置を設置する場合の脱気装置の種類，設置数量及び取り付け方法は，防水材メーカーの指定による。

ついては防水材メーカーによって様々である。NUKでは，それらを総括して具体的な推奨仕様をまとめ，ユーザーへの浸透を図っている。ウレタン塗膜の標準工法として活用を願いたい。

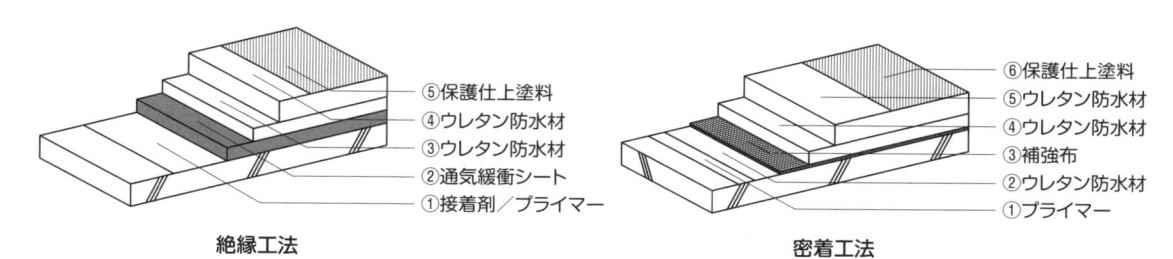

絶縁工法 — ⑤保護仕上塗料／④ウレタン防水材／③ウレタン防水材／②通気緩衝シート／①接着剤／プライマー

密着工法 — ⑥保護仕上塗料／⑤ウレタン防水材／④ウレタン防水材／③補強布／②ウレタン防水材／①プライマー

手塗りタイプ			
4		**5**	
高伸長形			
立上り（密着）		**ベランダ・バルコニー・階段床（密着）**	
プライマー	0.2	プライマー	0.2
ウレタンゴム系高伸長形防水材補強布張り	0.3	ウレタンゴム系高伸長形防水材	2.0
ウレタンゴム系高伸長形防水材	1.7	ウレタンゴム系高伸長形防水材	
ウレタンゴム系高伸長形防水材		—	
保護仕上塗料※3	0.2	保護仕上塗料	0.2
		○	
		○	
共通立上り仕様		○	
		○	
		○	
○		○	
○		○	
○		○	
X-2立上り			
L4X／X-2立上り			
L-UFS			
※3 ·平場が高反射率保護仕上塗料の場合は準拠する。			

※1　通気緩衝シートには下記種類がある。
　①不織布タイプ　穴なし
　②不織布タイプ　穴あき
　③複合タイプ　　自着
　④複合タイプ　　接着剤
　⑤複合タイプ　　機械的固定

NUK では，永年の経験に基づき，高い防水安全性と信頼性を確保するため表の№1から№27までの27種類の標準仕様を設定している。

2011年3月にJIS A 6021（建築用塗膜防水材）が改正されたことを受けて，ハンドブック2018年版では標準工法の改定と見直しを行ったが，今回のハンドブックの改訂にあたっては，2018年版の仕様をそのまま踏襲した。

JIS の材料区分における「高伸長形」は，屋上用途で3.0kg／㎡（硬化物比重が1.0の場合）を標準としている。絶縁工法の通気緩衝シートの固定方法については，接着剤による固定以外に，シートに加工さ

手塗り／吹付けタイプ	手 塗 り タ イ プ					
NUK／仕様No.	6		7		8	
JIS／材料区分	高伸長形／高強度形		高強度形		高伸長形／高強度形	
工法	平場（密着）		平場保護押え（密着）		駐車場　平場（密着）	
工程	1	プライマー	0.2	プライマー	0.2	プライマー	0.2
	2	ウレタンゴム系高伸長形防水材	1.5	ウレタンゴム系高強度形防水材	3.0	ウレタンゴム系高伸長形／高強度形防水材	2.5
	3	ウレタンゴム系高強度形防水材	1.5	ウレタンゴム系高強度形防水材		ウレタンゴム系高強度形防水材	
	4	—		—		—	
	保護・仕上げ - 1	保護仕上塗料	0.2	保護コンクリート・モルタル		骨材散布ウレタンゴム系高強度形防水材	1.5
	保護・仕上げ - 2					保護仕上塗料	0.3
適用部位	屋根	○		○			
	開放廊下						
	ベランダ						
	ルーフバルコニー	○		○			
	庇						
	室内						
	駐車場					○	
	観客席					○	
	勾配屋根						
	植栽						
下地区分	RC	○		○		○	
	PCa	○		○		○	
	ALC	○					
	金属						
標準仕様	公共建築工事標準仕様書			(X-2)			
	公共建築改修工事標準仕様書			(L4X／X-2)			
	日本建築学会JASS 8 防水工事			(L-UFS)			
	備考						

(註)1 表中のウレタンゴム系防水材の使用量は，硬化物比重が1.0である材料の場合を示しており，硬化物比重がこれ以外の場合にあっては，所定の塗膜厚さを確保するように使用量を換算する。
2 ウレタンゴム系防水材の使用量は，総使用量を示しており，使用するウレタンゴム系防水材の性状や下地の状況等により，工程数を増やすことができる。
3 パラペット天端部のように，水平面であっても雨水の長期滞留の可能性がない部位については，立上り部の仕様を適用する。

れた自着層による固定，アンカー等による機械的な固定等多様化したために，これらに対応できる表記とした。

　一方，材料区分「高強度形」については，その特長を活かしたさまざまな用途に対応する工法を標準化している。

　塗布量は高伸長形と同様に3.0kg／㎡（硬化物比重が1.0の場合）が標準であるが，「高強度形」のウレタン材料は超速硬化タイプである事が多いために表記上は1工程とし，回数を分けての施工も可能である旨を別途追記した。

手塗りタイプ					
9		**10**		**11**	
高伸長形／高強度形		高伸長形／高強度形		高伸長形／高強度形	
植栽　平場（密着）		駐車場／植栽　立上り（密着）		平場増し塗り（密着）	
プライマー	0.2	プライマー	0.2	プライマー	0.1
ウレタンゴム系 高伸長形防水材	1.5	ウレタンゴム系高伸長形／ 高強度形防水材　補強布張り	0.3	ウレタンゴム系 高伸長形／高強度形防水材	2.0
ウレタンゴム系 高強度形防水材	1.5	ウレタンゴム系 高伸長形／高強度形防水材	1.7	―	
―		ウレタンゴム系 高伸長形／高強度形防水材		―	
植栽仕様		保護仕上塗料※4	0.2	保護仕上塗料	0.2
				○	
				○	
				○	
				○	
				○	
				○	
		○			
○		○			
○		○			
○					
		※4 植栽仕様の立上り面で露出される部分は 　　保護仕上塗料を塗布する。			

手塗り／吹付けタイプ	吹付けタイプ		
NUK／仕様No.	12	13	14
JIS／材料区分	高伸長形		
工法	平場（絶縁）	平場（断熱）	平場（密着）
工程 1	通気緩衝シート (各種通気緩衝シートの固定方法及び ジョイント/端部処理は下記※1参照)	断熱材 (断熱材の固定方法は下記※2参照)	プライマー 0.2
工程 2	ウレタンゴム系 高伸長形防水材 3.0	通気緩衝シート	ウレタンゴム系 高伸長形防水材 3.0
工程 3	－	ウレタンゴム系 高伸長形防水材 3.0	－
工程 4	－	－	－
保護・仕上げ - 1	保護仕上塗料 0.2	高反射率保護仕上塗料 0.2~0.4	保護仕上塗料 0.2
保護・仕上げ - 2			
適用部位 屋根			○
適用部位 開放廊下			○
適用部位 ベランダ			○
適用部位 ルーフバルコニー	○	○	○
適用部位 庇			○
適用部位 室内			○
適用部位 駐車場			
適用部位 観客席			
適用部位 勾配屋根			
適用部位 植栽			
下地区分 RC	○	○	○
下地区分 PCa	○	○	○
下地区分 ALC	○	○	
下地区分 金属			
標準仕様 公共建築工事標準仕様書	X-1		
標準仕様 公共建築改修工事標準仕様書	P0X／X-1		
標準仕様 日本建築学会JASS 8 防水工事	L-USS		
備考		※2 ・断熱材およびシート敷設・固定方法 　は防水材メーカーの指定による。 　・非歩行に限る。	

(注) 1 表中のウレタンゴム系防水材の使用量は,硬化物比重が1.0である材料の場合を示しており, 硬化物比重がこれ以外の場合にあっては,
　　所定の塗膜厚さを確保するように使用量を換算する。
　　2 ウレタンゴム系防水材の使用量は,総使用量を示しており,使用するウレタンゴム系防水材の性状や下地の状況等により,工程数を増やすことができる。
　　3 パラペット天端部のように,水平面であっても雨水の長期滞留の可能性がない部位については,立上り部の仕様を適用する。
　　4 絶縁工法において,脱気装置を設置する場合の脱気装置の種類,設置数量及び取り付け方法は,防水材メーカーの指定による。

吹付けタイプ		
15	**16**	**17**
高伸長形	高強度形	
立上り（密着）	平場（絶縁）	平場（断熱）
プライマー　0.2	通気緩衝シート (各種通気緩衝シートの固定方法及び ジョイント/端部処理は下記※1参照)	断熱材 （断熱材の固定方法は下記※2参照）
ウレタンゴム系 高伸長形防水材　2.0	ウレタンゴム系 高強度形防水材　3.0	ウレタンゴム系 高強度形防水材　3.0
―	―	―
―	―	―
保護仕上塗料※3　0.2	保護仕上塗料　0.2	高反射率保護仕上塗料　0.2~0.4
	○	○
共通立上り仕様	○	○
○ ○ ○	○ ○ ○	○ ○ ○
	(X-1)	
	P0X／X-1H	
	L-USH	
※3・平場が高反射率保護仕上塗料の 　　場合は準拠する。		※2・断熱材およびシート敷設・固定方法は 　　防水材メーカーの指定による。 　　・非歩行に限る。

※1　通気緩衝シートには下記種類がある。
　①不織布タイプ　穴なし
　②不織布タイプ　穴あき
　③複合タイプ　　自着
　④複合タイプ　　接着剤
　⑤複合タイプ　　機械的固定

手塗り／吹付けタイプ	吹付けタイプ					
NUK／仕様No.	18		19		20	
JIS／材料区分	高強度形					
工法	平場（密着）		ベランダ・バルコニー・階段床（密着）		保護押え（密着）	
工程 1	プライマー	0.2	プライマー	0.2	プライマー	0.2
工程 2	ウレタンゴム系高強度形防水材	3.0	ウレタンゴム系高強度形防水材	2.0	ウレタンゴム系高強度形防水材	3.0
工程 3	—		—		—	
工程 4	—		—		—	
保護・仕上げ-1	保護仕上塗料	0.2	保護仕上塗料	0.2	保護コンクリート・モルタル	
保護・仕上げ-2						
適用部位 屋根	○				○	
適用部位 開放廊下	○		○			
適用部位 ベランダ	○		○			
適用部位 ルーフバルコニー	○		○			
適用部位 庇	○		○			
適用部位 室内	○		○		○	
適用部位 駐車場						
適用部位 観客席	○					
適用部位 勾配屋根						
適用部位 植栽						
下地区分 RC	○		○		○	
下地区分 PCa	○		○		○	
下地区分 ALC						
下地区分 金属						
標準仕様 公共建築工事標準仕様書	(X-2)				(X-2)	
標準仕様 公共建築改修工事標準仕様書	L4X／X-2H				(L4X／X-2H)	
標準仕様 日本建築学会JASS 8 防水工事	L-UFH				(L-UFH)	
備考						

注 1 表中のウレタンゴム系防水材の使用量は,硬化物比重が1.0である材料の場合を示しており, 硬化物比重がこれ以外の場合にあっては,
　　所定の塗膜厚さを確保するように使用量を換算する。
　2 ウレタンゴム系防水材の使用量は,総使用量を示しており,使用するウレタンゴム系防水材の性状や下地の状況等により,工程数を増やすことができる。
　3 パラペット天端部のように,水平面であっても雨水の長期滞留の可能性がない部位については,立上り部の仕様を適用する。

吹 付 け タ イ プ				
21		**22**		
高強度形		高伸長形／高強度形		
立上り（密着）		駐車場／平場（密着）		
プライマー	0.2	プライマー		0.2
ウレタンゴム系 高強度形防水材	2.0	ウレタンゴム系高伸長形／ 高強度形防水材		2.5
－		ウレタンゴム系 高強度形防水材		
－		－		
保護仕上塗料	0.2	骨材散布ウレタンゴム系 高強度形防水材	1.5	
		保護仕上塗料	0.3	
共通立上り仕様				
		○		
		○		
○		○		
○		○		
（X-2立上り）				
（L4X／X-2H立上り）				
（L-UFH）				

手塗り／吹付けタイプ		吹付けタイプ					
NUK／仕様No.		23		24		25	
JIS／材料区分		高強度形		高伸長形／高強度形			
工法		植栽　平場（密着）		駐車場・植栽　立上り（密着）		金属屋根	
工程	1	プライマー	0.2	プライマー	0.2	プライマー	0.1〜
	2	ウレタンゴム系高強度形防水材	3.0	ウレタンゴム系高伸長／高強度形防水材※5	2.0	ウレタンゴム系高伸長形／高強度形防水材	2.0
	3	—		—		—	
	4	—		—		—	
	保護・仕上げ-1	植栽仕様		保護仕上塗料※4	0.2	高反射率保護仕上塗料	0.2〜0.4
	保護・仕上げ-2						
適用部位	屋根					○	
	開放廊下						
	ベランダ						
	ルーフバルコニー						
	庇						
	室内						
	駐車場			○			
	観客席						
	勾配屋根					○	
	植栽	○		○			
下地区分	RC	○		○			
	PCa	○		○			
	ALC						
	金属					○	
標準仕様	公共建築工事標準仕様書	(X-2)		(X-2)		(X-2)	
	公共建築改修工事標準仕様書	(L4X／X-2H)		(L4X／X-2H)		(L4X／X-2H)	
	日本建築学会JASS 8 防水工事	(L-UFH)		(L-UFS／L-UFH)		(L-UFS／L-UFH)	
備考				※4 植栽仕様の立上り面で露出される部分は保護仕上塗料を塗布する。 ※5 植栽仕様の場合は高強度形を用いる。			

(注)1 表中のウレタンゴム系防水材の使用量は、硬化物比重が1.0である材料の場合を示しており、硬化物比重がこれ以外の場合にあっては、所定の塗膜厚さを確保するように使用量を換算する。
　　2 ウレタンゴム系防水材の使用量は、総使用量を示しており、使用するウレタンゴム系防水材の性状や下地の状況等により、工程数を増やすことができる。
　　3 パラペット天端部のように、水平面であっても雨水の長期滞留の可能性がない部位については、立上り部の仕様を適用する。

吹 付 け タ イ プ			
26		**27**	
高強度形			
コンクリート・モルタル・スレート勾配屋根		平場増し塗り（密着）	
プライマー	0.2 〜	プライマー	0.1 〜
ウレタンゴム系 高強度形防水材	2.0 又は 3.0	ウレタンゴム系 高強度形防水材	2.0
―		―	
―		―	
保護仕上塗料	0.2	保護仕上塗料	0.2
		◯	
		◯	
		◯	
		◯	
		◯	
		△ ※6	
		△ ※6	
◯		◯	
		◯	
◯			
◯			
(X-2)			
(L4X／X-2H)			
(L-UFH)			
		※6 適用部位によっては粗面仕上げを加える	

第4章
下地の点検と既存防水層の診断

第4章　下地の点検と既存防水層の診断

　防水層の信頼性，耐久性及び仕上り等は，下地の良否により大きく影響を受ける。

　ここでは防水層の信頼性に大きな影響を与える防水下地の点検方法について，特に下地条件が多様な防水改修を中心にまとめて紹介する。

　2021年に日本建築学会より，『建築保全標準・同解説（鉄筋コンクリート造建築物）※』が発刊された。

※（略称：JAMS）Japanese Architectural Maintenance Standard

　JAMS-RCは，補修・改修工事の標準仕様書のみを対象とするものではなく，保全計画書の作成に始まり，点検，調査・診断，補修・改修設計，補修・改修工事に至る建築保全の全体を対象としており，5つのパートで構成されている。

JAMS 1-RC：一般共通事項―鉄筋コンクリート造建築物
JAMS 2-RC：点検標準仕様書―鉄筋コンクリート造建築物
JAMS 3-RC：調査・診断標準仕様書―鉄筋コンクリート造建築物
JAMS 4-RC：補修・改修設計基準―鉄筋コンクリート造建築物
JAMS 5-RC：補修・改修工事標準仕様書―鉄筋コンクリート造建築物

　本項では，このうちJAMS3-RCの一部を抜粋して紹介する。

【基本調査および診断】

　陸屋根の基本調査・診断の手順は図4.1による。

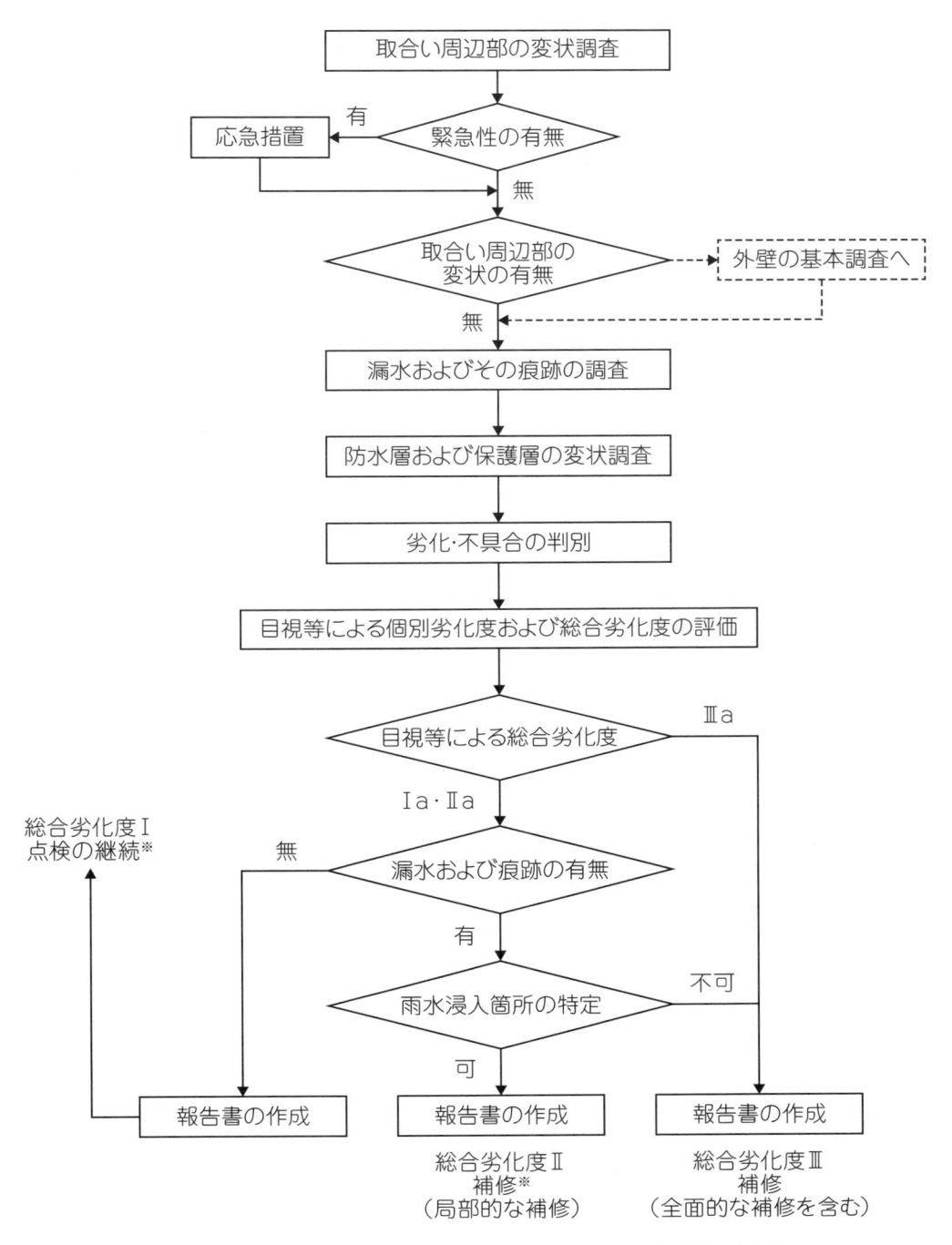

※：目視等による総合劣化度がⅡaの場合は，早期に次の調査・診断を実施する．

図4.1　陸屋根における基本調査・診断の流れ

①取合い周辺部の変状調査

⇒露出防水層・保護層との取合い周辺部（ドレン・パラペット・設備基礎などの防水層と取り合う部位）を調査した結果，落下・飛散・排水不良など，緊急の対策を要する場合は，協議の上，応急措置を講ずる。

②漏水およびその痕跡の調査

⇒最上階の天井を目視で調査し，漏水およびその痕跡の有無を確認する。

③防水層および保護層の変状調査

⇒露出防水層および保護層における変状を目視または簡易な器具を用いて調査する。

④劣化・不具合の判別

⇒露出防水層または保護層の変状が，通常の劣化によるものか，不具合によるものかを判別する。

⑤目視等による個別劣化度の評価（個別劣化度 i～iii）

⇒個別劣化度を3段階で評価する。

　　i ：劣化は表面的でかつ軽微か，ほとんど認められない

　　ii ：表面に顕著な劣化が認められるがただちに漏水に繋がるほどではない

　　iii：劣化が防水層を貫通しているか，貫通している可能性がある

　具体的な評価基準は，劣化の種類ごとに定め，依頼者の承認を受ける。その評価基準の例を**表4．1**，**表4．2**に示す。

⑥目視等による総合劣化度の評価（ I a，II a及びIII a）

⇒総合劣化度は，個別劣化度の次数のもっとも高いものとする。

　個別劣化度が i，ii およびiii の場合の目視等による総合劣化度はそれぞれ I a，II aおよびIII aとする。

⑦総合劣化度の評価および判定（総合劣化度（ I～III ））

⇒総合劣化度を3段階で評価する。

　 I ：総合劣化度が I aまたはII aであり，かつ，漏水またはその痕跡が認められなかった場合

　 II ：総合劣化度が I aまたはII aであり，かつ，雨水の浸入箇所が特定された場合

　 III：総合劣化度が I aまたはII aで，かつ，漏水またはその痕跡が認められたものの雨水浸入箇所が特定できなかった場合およびIII aの場合

＜総合評価別の対処方法＞

⇒基本調査・診断の終了後，速やかに『基本調査・診断結果報告書』を作成し，依頼者へ報告する。

　総合劣化度 I ：点検の継続

　　総合劣化度Ⅱ：部分的な補修

　　総合劣化度Ⅲ：全面的な改修

⑧必要に応じて詳細調査および診断を実施する

表4.1　目視等による個別劣化度の評価基準の例（露出防水層の場合）

調査項目		個別劣化度		
		i	ii	iii
防水層のひび割れ，破断		外観上の以上を認めず	防水層のひび割れ	防水層の貫通ひび割れ（破断）
防水層末端部の剥離	塗膜防水以外	外観上の以上を認めず	押え金物のゆるみ，末端部シールの剥離*1　端末部に近接するふくれ・浮上り	押え金物・固定金物の脱落，張り仕舞・ドレン部の剥離，口開き
	塗膜防水		ー	剥離あり
ルーフィング接合部の剥離幅・ずれ幅*2	塗膜防水以外	20％未満	20％以上～50％未満	50％以上
防水層立上り際の入隅の浮き高さ	塗膜防水以外	30mm未満	30mm以上～50mm未満	50mm以上
露出防水層の表面仕上げ層の劣化*3	アスファルト系	砂落ち40％未満（面積）	砂落ち40％以上～80％未満（面積）	砂落ち80％以上（面積）
	合成高分子系ルーフィングシート	仕上げ層の変退色	仕上げ層の減耗または白亜化	仕上げ層の焼失
	ウレタンゴム系塗膜防水	仕上げ層の変退色または白亜化度：等級1	仕上げ層の減耗または白亜化度：等級2～3	仕上げ層の消失または白亜化度：等級4～5
	FRP系塗膜防水	外観上の異常を認めず	ー	仕上げ層の変退色・ひび割れ
防水層のふくれ・浮き	ウレタンゴム系塗膜防水	面積比10％未満	面積比10％以上～30％未満	面積比30％以上または1個の長径が300mm以上
	FRP系塗膜防水	面積比10％未満	面積比10％以上～30％未満	面積比30％以上または1個の大きさ（長径）が1000mm以上
	その他（密着工法，接着工法）	面積比10％未満	面積比10％以上～30％未満	面積比30％以上
	その他（機械的固定工法）	外観上の異常を認めず	ー	固定金具・ビスの浮上り，固定金属とシートの剥離

＊1：エチレン酢酸ビニル樹脂系シートの場合は，末端部ポリマーセメントペーストの剥離とする。

＊2：ルーフィング接合部の剥離幅およびずれ幅を初期接合幅に対する割合によって示す。初期接合幅が不明な場合，アスファルト系防水層，加硫ゴム系シート防水層およびエチレン酢酸ビニル樹脂系シート防水層では100mm，塩化ビニル樹脂系シート防水層および熱可塑性エラストマー系シート防水層では40mmとする。

＊3：塩化ビニル樹脂系シート防水層は塗料なしの場合あり。

表4.2 目視等による個別劣化度の評価基準の例（保護層の場合）

調査項目		個別劣化度		
		i	ii	iii
現場打ちコンクリート（平場・立上り）	平場保護層のひび割れ，せり上り，欠損など	ひび割れ1mm未満	ひび割れ1〜3mm	ひび割れ3mm以上，せり上りなど
	立上り保護層のひび割れ，倒れ，欠損など	ひび割れ1mm未満	ひび割れ1〜3mm	ひび割れ3mm以上，倒れなど
	伸縮目地部の異常	外観上の異常を認めず	突出・圧密	脱落・折損

参考文献
1）（一）日本建築学会 編，建築保全標準・同解説（鉄筋コンクリート構造物），JAMS 3-RC　調査・診断標準仕様書，2021年2月25日
2）日本ウレタン建材工業会 編，「ウレタン建材」第45号　特別寄稿，建築保全標準ＪＡＭＳ・ＲＣの制定に関して―陸屋根メンブレン防水を主として―，早稲田大学理工学術院　教授　輿石直幸，2021年11月30日

第5章

施　工

第5章　施工

　ウレタン塗膜防水材は，主に1成分形と2成分形があり，防水材メーカーから半製品の状態で出荷され，施工者が適切に施工することにより防水層が形成される。施工方法には手塗り施工，機械施工の二種類がある。

　この章では，ウレタン塗膜防水工事が最適な条件で行えるよう施工環境や適切な下地処理，具体的な施工法をまとめた。

　防水施工については（一社）全国防水工事業協会にご協力をいただき，同協会発刊（2017年）の「防水施工法（八訂版）第7章ウレタンゴム系防水」を引用した。

　施工上の注意を守って確実な防水工事を行うよう心掛けていただきたい。

5.1　施工環境

　ウレタン塗膜防水材は液状で施工するため，複雑な場所でも容易に，シームレスな防水層を形成することが可能である。しかし，防水材が硬化する前に物理的，化学的な力が働くと，防水層に欠陥が発生することがある。また，化学反応を伴う硬化機構のため温度，湿度等の環境条件からも影響を受ける。欠陥のない防水層を形成するために注意すべき環境条件を表にまとめた。

項　目	ポイント	対　策
1．気温	○適正なタイプの防水材を使用すること	●反応タイプのため，気温により可使時間，硬化時間が変わるので季節に合ったタイプの防水材を使用する ●一例として 　気温約 5～15℃では"冬用" 　　約15～25℃では"春秋用" 　　　約25℃以上は"夏用"を使用する ●低温等で促進剤を用いる場合は，防水材メーカー指定の促進剤を気温に合わせて使用する
2．夏場の高温時	○気温35℃以上になった場合 ○下地表面温度が著しく高温になった場合	●施工は避けることが望ましい ●日中を避けて早朝，夕方等気温の低い時間に施工を行う
3．冬場の低温時	○気温5℃以下になった場合 ○水系材料は凍結させないこと ○下地，プライマー表面に凍結（結氷），霜はないか確認する	●施工は避けることが望ましい ●水系材料は，凍結の恐れのある場所には保管しない ●下地が凍結（結氷），あるいは降雪した場合は，プライマーが下地に浸透せず，接着力が出ないため，乾燥するまで次工程作業を行わない ●プライマー塗布後，表面に結氷，降霜した場合は，乾燥するまで次工程作業を行わない

項　目	ポイント	対　策
4. 降雨，降雪の恐れがある場合	○保管中の防水材，通気緩衝シート等が雨で濡れないように養生すること ○施工後，降雨の影響を受けないようにすること	●施工後3〜4時間以内に降雨の恐れがある場合は，施工を行わない ●絶縁工法で，施工中に降雨，降雪の恐れが判明した場合は既施工の通気緩衝シートの下に雨水等が入らないよう，直ちに防水材，シーリング材等で目止めを行う ●既存防水層を撤去する時に，降雨，降雪の恐れがある場合は撤去作業を行わない ●既存防水層の撤去後，降雨，降雪の恐れが出た場合は，養生シート等で雨養生をする
5. 施工時の降雨，降雪の処理	○雨水，雪等が溜り，養生シートを破る等して防水施工面に流れ込む危険性がないことを確認する	●施工中に降雪があった場合は，養生シート等で雪が降り込まないように養生する ●施工時に降雨があった場合は，直ちに施工を中止する ●既存防水層を撤去した場合は，階下に漏水しないように養生シート等で覆う
6. 降雨，降雪のあった場合	○下地表面が白くなるまで乾燥させる ○状況により，フィルム張りで確認，又は水分計を用いて測定する	●表面が白く乾燥するまで施工を行わない ●下地にフィルムを張り，フィルムに水滴が付いていないことを確認する ●下地水分が10%以下（参考値）になるまで防水施工を行わない
7. 強風の時	○保管中の防水材，通気緩衝シート，養生シート等が風で飛ばされないように養生する ○施工中の防水材が飛散する危険性のないことを確認する	●強風時は施工を行わない（施工範囲外を汚すことがある） ●材料はロープ等で固定する
8. 湿気の多い（季節）場合	○下地，プライマー表面が結露していないことを確認する	●下地が結露している場合は，プライマーの接着力が出ないため，乾燥するまで工事を行わない ●プライマー塗布後に表面が結露した場合は，次工程作業は行わない
9. 周辺への配慮	○防水工事に当たっては騒音や臭気の発生があるので，工事の告知や案内等周辺への配慮を行う ○風による周辺への飛散事故を防止するため十分な注意と養生を行う	●騒音が出る工事は，出来るだけ早朝や夜間，休日を避けた作業計画を組み，騒音が発生する日時が判明している場合は，事前に案内や掲示をする ●臭気の発生する工事の場合は，吸気口や窓等の開口部は作業期間中塞ぐ等の処置を行う ●工事対象の建物だけでなく，周辺の建物や設備，車両等にも万全な養生を行う

5.2 下地

一般処理方法

　ウレタン塗膜防水工法は液状防水材を塗布，硬化させることに特長がある。このため，役物や複雑な下地に容易かつ迅速に対応できるので，非常に有用な防水工法と言える。その防水性能を十分に発揮させるために必要な下地処理の留意点を表にまとめた。

項　目	ポイント	処理方法
1．下地水分	下地は十分に乾いていること ○表面が白く乾燥していること（目視） ○フィルム張り試験をして結露がないこと ○水分計で10％以下（参考値）であること	●下地の表面しか乾燥していないと考えられる場合は，脱気等（絶縁工法や脱気筒の設置等）のふくれ防止策を考えること
2．凹凸，段差	凹凸，段差がないこと ○目視でチェック ○1mm以上の目違い，段差のないこと ○取除き不能の突出物との取合いは滑らかであること	●ケレン棒や電動サンダー等を用いて取り除き，必要に応じてポリマーセメントモルタル等で補修する
3．脆弱部分	脆弱部分のないこと ○皮スキ等で削ってみる	●ケレン棒，電動サンダー等を用いて取り除き，必要に応じてポリマーセメントモルタル等で補修する
4．浮き，欠け	欠けのないこと 浮きのないこと ○叩いて音を判断する ○浮きは撤去，補修，または樹脂を注入する ○浮きの面積を確認する	●ポリマーセメントモルタル等で補修する。 ●浮き部分はエポキシ樹脂注入を行い，大きい浮きはピンニングを行う
5．出隅	出隅は丸面になっていること ○約10～20mmRの丸面とする ○または5mm程度の面取りをする	●電動サンダー等を用いて面取りをする
6．入隅	直角の入隅であること ○面取りは不要で，直角に仕上げてあること	●改修工事等で面取りしてある場合は，補強布を用いて補強塗りを行う
7．下地ひび割れ	防水に支障がある大きなひび割れがないこと ○ひび割れの処理を行う	●1mm未満のひび割れはウレタンシーリング材を擦り込む ●1mm以上のひび割れはUカットしてウレタンシーリング材または立上り用ウレタン防水材を充填し，補強布を用いて補強塗り等を行う　更に，2mm以上の場合は，上記の処理の他，絶縁テープ等を用いる場合もある
8．汚れ	汚れの確認 ○油脂，塗料，塵埃の汚れ及び苔，カビ等の繁殖がないことを確認する	●溶剤等で拭き取るか，ケレン棒や皮スキ等で削り取り，必要に応じてポリマーセメントモルタルで補修する ●著しい汚れが強固に付着している場合は，電動サンダー等で削り，高圧洗浄を行い，ポリマーセメントモルタルで補修する

項　目	ポイント	処理方法
9. ドレン	**ドレン及び周辺の確認** ○ドレンは塗膜防水材用か確認する ○ドレン周辺や内部が堆積物等で詰まっていないこと	●ドレンが不適切な場合は，取替える ●改修工事で，既存が塗膜防水用ドレンでない場合は，かぶせ工法用二重ドレン等を用いる（※防水メーカーによる） 注）かぶせ工法用二重ドレンを用いた場合は，パイプ内径が細くなり排水量が減るため，オーバーフローしないように留意する ※ドレンの管径と設置個数及び防水改修を考慮したドレン選定については下記の参考資料を参照 ●ドレン回りや内部の堆積物を撤去し，清掃する
10. 勾配調整	**勾配確認** ○排水に支障のない勾配がとれているか確認する	●防水層よりドレンの位置が上にある等，勾配が不十分で排水が悪い場合は，ドレン回りの保護層や既存防水層を撤去する等して修正する ●側溝の水勾配が不十分な場合は，ポリマーセメントモルタルで勾配を調整する 注）ウレタン防水材を用いて勾配修正をしないこと
11. 目地処理	**防水に支障がある段差，凹凸がないこと** ○1mm以上の段差，凹凸がないこと ○伸縮目地材は撤去されていること ○目地にはウレタン系シーリング材が充填されていること ○密着工法の場合は，補強張りや縁切り処理が行われていること ○押えコンクリート，モルタルには浮きや割れがないこと	●大きい段差，凹凸はサンダー等で削るか，ポリマーセメントモルタルで埋める ●下地コンクリート等に押上げがある場合は，電動サンダー等で平らに均す ●過度の押上げが確認される場合は，目地を切り直す ●既存目地材は撤去し，バックアップ材を詰めてからウレタン系シーリング材を充填する ●その他目地処理方法は，防水材メーカーの指定する材料や工法を用いる ●脱気装置等を取付ける部分は，充填処理を行わない（※防水材メーカーによる） ●密着工法の場合，目地の縁から外50mm以上まで補強布で補強塗りを行う（※防水材メーカーによる） 目地挙動が大きいと想定される場合は，縁切り処理（絶縁テープ等）を行うことを検討する（※防水材メーカーによる）

[参考資料]

A．ドレンの管径と設置個数

　ドレンは，SHASE-S（空気調和・衛生工学会規格）による雨水の風量計算より管径・個数を算出し，屋根の平面形状等を考慮して設置場所を定める。狭小屋根においても，少なくとも2箇所以上はドレン設置する。これは，落葉等の飛散物でドレンが詰まった場合に，他方のドレンで排水ができるようにするためである。

　また，都市部では短時間に100mmを超える雨（ゲリラ豪雨）が降ることもあり，降雨開始後すぐに屋根面の水位が上昇しオーバーフローを起こしやすい。このような事態を避けるために，小面積の屋根や雁行する建物では余裕を持ってドレンを設置する。

表5.1　雨水縦管の管径，雨水横管の管径（SHASE-S206（2019））

縦管管径　mm	許容最大屋根面積　㎡
50	67
65	135
75	197
100	425
125	770
150	1250
200	2700

横管管径 mm	許容最大屋根面積　㎡			
	配管勾配			
	1/25	1/50	1/75	1/100
65	137	97	79	－
75	201	141	116	100
100	－	306	250	216
125	－	554	454	392
150	－	904	738	637
200	－	－	1590	1380

　また，高層棟の外壁面に接する低層屋根では，壁面を流下する雨水も考慮する必要がある。SHASE-S206では壁面面積の50％を屋根面積に加算する規定となっている。

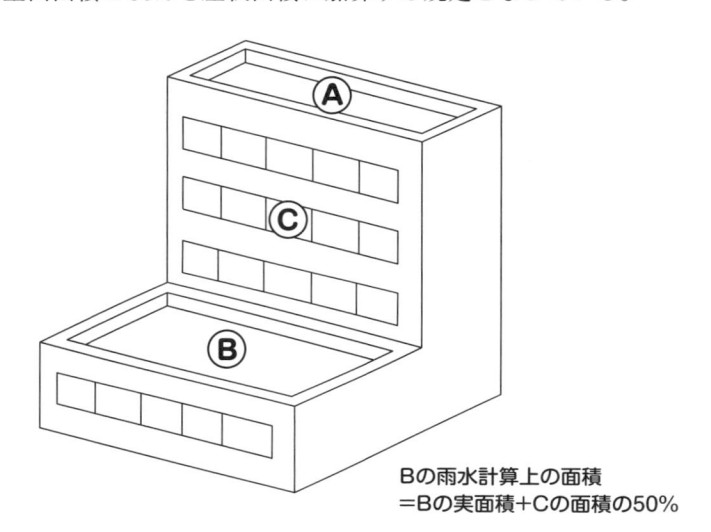

Bの雨水計算上の面積
＝Bの実面積＋Cの面積の50％

図5.1　排水管の管径決定に関する壁面の考え方

B. 防水改修を考慮したドレン選定

　屋上防水の改修工事をかぶせ工法で行う場合，既存のドレンに改修用ドレンをかぶせることが多い。その場合，改修されたドレンの口径が，当初のドレンの口径より小さくなることにより，排水能力に問題が生じる場合がある。

　12 ～ 15年で必ず行われる防水改修に備え，ドレンの管径と個数については新築の設計時から考慮し余裕を持たせることが必要である。

【例】

　東京地区（1時間降水量89㎜/10分間降水量35㎜），屋根面積500㎡，横引き型ドレン100 φ × 4箇所の建物は，新築時には306㎡× 4箇所＝1,224㎡分という，十分な排水能力を有する。この屋上をかぶ

せ工法（既存の防水層のうえに，新設する防水層をかぶせて施工する改修工法）で防水改修すると，既存のドレンにかぶせ工法用二重ドレンを設置するので，ドレン内径が約90㎜になり，排水能力は，306㎡×80/100（100φの80%程度と仮定）×4箇所＝約980㎡分となる。一方，ゲリラ豪雨等の影響を加味し10分間降雨量で屋根面積を算定すると，35㎜×6（1時間換算）/100㎜/h×500㎡＝1,050㎡分の排水能力が必要となり，新築時では十分に足りていた排水能力が，改修後には不足することが分かる。

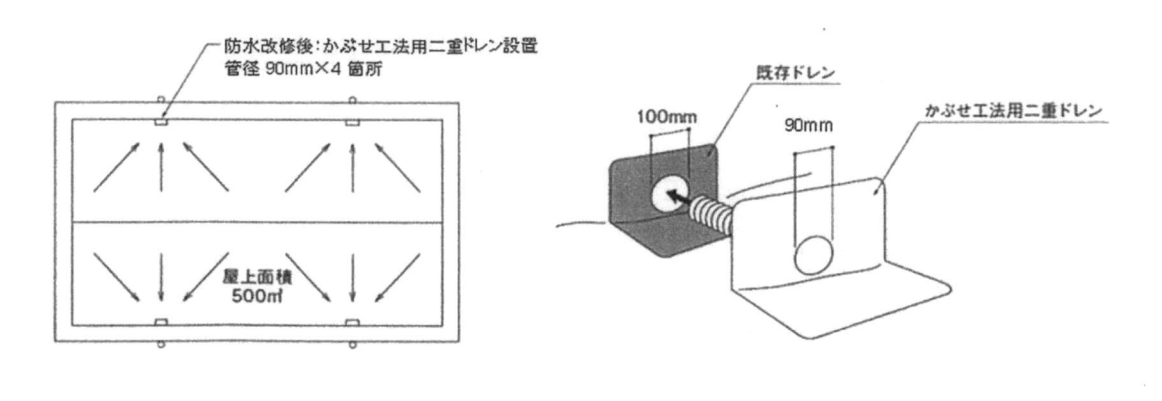

5.3　改修工事での下地処理

既存防水層の撤去工法とかぶせ工法の下地処理

建物の改修工事では，ウレタン塗膜防水材がその特長を活かして多くの現場で採用されている。その際に，既存防水層の劣化状態や使用状況によって，既存防水層を撤去する工法とそのまま残して上からかぶせて施工する工法とがある。それぞれのポイントを下記に示す。

項　目	ポイント	処理方法
1．既存防水層撤去工法の場合	全面撤去の方法 ○騒音対策，ハツリに伴う粉塵対策，ハツリガラの運搬や処理方法を工事着工前に関係各位に連絡しておくこと	●ハツリ機械を用いて全ての防水層を撤去し，躯体に付着した接着剤やプライマーは研磨機器等を用いて完全に除去する ●騒音対策，粉塵対策を十分に行うこと ●撤去後直ぐに雨養生出来る範囲で撤去すること ●撤去した後の下地処理方法は前項の5.2　一般処理方法に順ずる ●撤去した防水層やハツリガラ等の処理は，廃棄物処理法「廃棄物の処理及び清掃に関する法律」に準拠すること
2．かぶせ工法の場合	○既存防水層と新設防水層とが十分に接着するか確認すること その際，既存防水層が下地と十分な接着をしていること ○機械的固定工法を採用する場合，下地に固定するアンカー並びに下地に十分な強度があること	●既存ウレタン塗膜防水材上にかぶせる場合は，専用のプライマー等を用いること ●既存の異種防水層や異種仕上げ材へ施工する場合は，接着試験を実施して適正なプライマーを選定することが望ましい ●機械的固定工法を採用する場合は，アンカーの引抜き試験を行って使用するアンカーを選定すること ※各種試験の方法については5.4　各種試験を参照のこと

5.4 各種試験

5.4.1 各種接着試験

概要

　新築の防水工事における下地は，コンクリートやモルタル等を用いて平滑に整えられているが，改修工事となると既存防水層や保護層には多くの種類があり，表面も様々な材質や塗料等で仕上げられている。更に，経年による劣化の進行や部分補修の実施，全面改修工事の実施等で建物の防水の部位ごとに状態が異なる等複雑になる。一般的に既存防水層がウレタン塗膜防水の場合，専用のプライマーを用いれば重ね塗り可能だが，ウレタン塗膜防水材の優れた特性から異種防水材や，その上の表面塗装材，外壁塗料等へ直接施工することが増えている。プライマーは下地や用途別に様々な種類が用意されているが，不適切なプライマーを使用すると接着力が得られず，剥離やふくれ等を起こしてしまうことがある。従って，既存下地の種類や劣化状況によっては，事前にプライマーの接着確認を行うことがある。その試験方法としてはクロスカット法（JIS K 5600-5-6），またはピーリング試験法（官能試験）がある。また，既存防水層が下地に対して十分な接着力を保持しているかも重要なポイントとなるので，必要により既存防水層の付着試験［建研式付着試験］を実施することも検討する。

　近年，絶縁工法のひとつとして通気緩衝シートをアンカーで固定し，下地と縁を切って施工する機械的固定工法がある。この工法は下地処理が軽減できることから，工期短縮と工事費用削減が可能な工法として注目されてきた。採用する場合には，アンカーが固定される下地までの距離，耐風圧等を考慮したアンカーの長さや太さ，ピッチ（間隔）等を検討する。打ちつけたアンカーに十分な強度が得られるかが最も重要なポイントとなるため，アンカーの引抜き試験を行うことが望ましい。

各種試験方法詳細

⑴プライマーの付着力確認試験

A：クロスカット法　JIS K 5600-5-6

　この試験方法は，日本産業規格の塗料一般試験方法－塗膜の機械的性質に関する試験方法でJIS K 5600-5-6付着性（クロスカット法）として標準化されている。塗料の付着試験ではあるが，プライマーの接着試験としても代用可能な試験方法である。

クロスカット法　※JIS K 5600-5-6試験方法より抜粋

　既存下地にプライマー塗布して硬化後，カッターにて切れ込みを入れ，テープを貼り付けて十分に転圧する。テープを勢い良く引き剥がし，プライマーの接着状況を確認する。

[工具]

1. 切り込み工具（単一刃の場合）

   先端が図5.2のようなカッター

   刃の角度20°〜30°

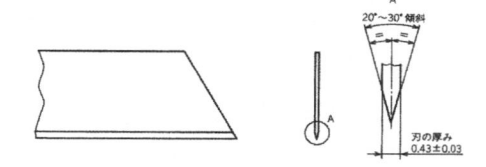

2. ガイド

   単一刃を用いる場合，等間隔で切り込むためのガイド

   品名：CCI-1（COTEC社製）

   仕様：1mm間隔×6本切り込み用（25マス）

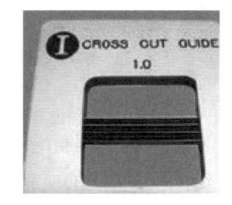

3. 透明付着テープ

   幅25ミリ　付着強さ10±1N/25mm

   品名：（テープ名称とメーカー）

図5.2

[カットの間隔]

　膜厚および素地によって決める

　　 0〜 60μm：硬い素地の場合1mm間隔

　　 0〜 60μm：柔らかい素地に対して2mm間隔

　 61〜120μm：硬い，軟らかい素地の両方とも2mm間隔

　121〜250μm：硬い，軟らかい素地の両方とも3mm間隔

[試験手順]

1. 塗膜に対して垂直になるように刃を当てて切込みを行う。
2. 切込みを行なったら，90°方向を変えて直行する切込みを行う。
3. 約75mmの長さにテープを取り出す。
4. テープを塗膜の格子にカットした部分に貼り，塗膜が透けて見えるようにしっかり指でテープをこする（図5.3参照）。
5. 付着して5分以内に60°に近い角度で，0.5〜1.0秒で確実に引き離す（図5.3参照）。

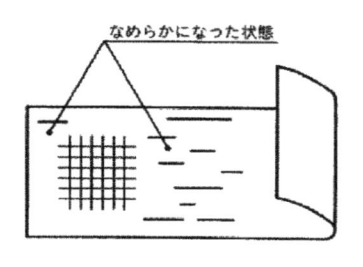
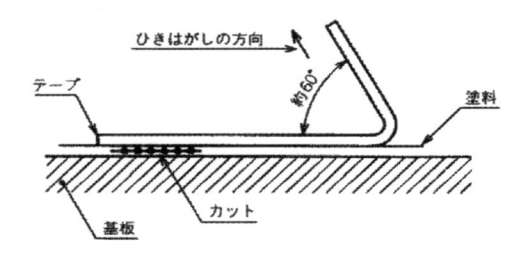

図5.3

［評価方法］

　試験結果を以下の0 ~ 5に分類する。

表5.2

分 類	説 明	はく離（はがれ）が生じている クロスカット部分の表面の状態 （6種の平行カットの例）
0	カットの縁が完全に滑らかで，どの格子の目にもはがれがない。	―
1	カットの交差点におけると塗膜の小さなはがれ。 クロスカットの部分で影響を受けるのは，明確に5%を上回ることはない。	
2	塗膜がカットの縁に沿って，及び／又は交差点においてはがれている。クロスカット部分で影響を受けるのは明確に5%を超えるが，15%を上回ることはない。	
3	塗膜がカットの縁に沿って，部分的又は全面的に大はがれを生じており，及び／又は目のいろいろな部分が，部分的又は全面的にはがれている。クロスカット部分で影響を受けるのは，明確に15%を超えるが35%を上回ることはない。	
4	塗膜がカットの縁に沿って，部分的又は全面的に大はがれを生じており，及び／又は数か所の目が部分的又は全面的にはがれている。クロスカット部分で影響を受けるのは，明確に35%を超えるが，65%を上回ることはない。	
5	はがれの程度が分類4を超える場合。	

B：ピーリングによる付着試験（官能試験）

　下地にプライマーを塗布して硬化後にウレタン防水材を塗布し，硬化してから25mm幅で切り込みを入れ，引張り上げて接着状態を確認する試験方法で，接着状態や剥離した状況が分り易い試験方法である。

［試験手順］

　1．下地表面を箒やウエス等でゴミや埃，汚れを除去する。

　　　注）下地によっては，サンディングによる目荒し処理や溶剤拭きの有無等も加える。

　2．50mm幅のガムテープを用いて10 ~ 20cm角に貼る（**図5.4**参照）。

3．プライマーを刷毛で規定量塗布する。

養生期間：使用するプライマーの硬化時間を参照のこと。

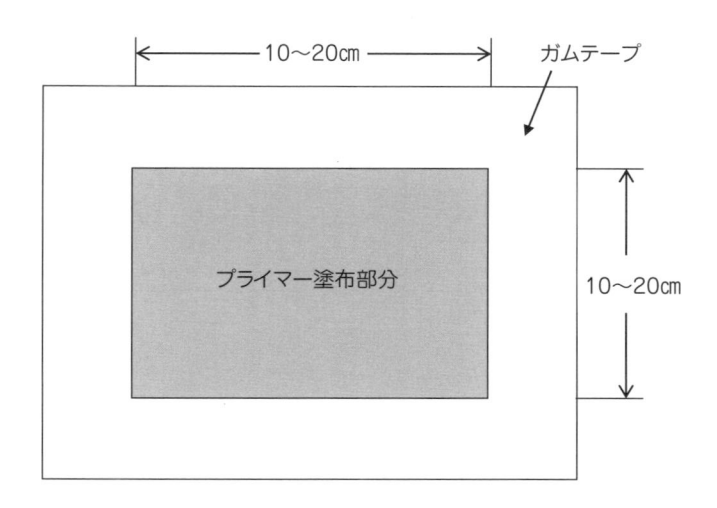

図5.4

4．プライマー硬化後，ガムテープで養生した一辺の内側にガムテープ(a)を貼り付ける(**図5.5参照**)。

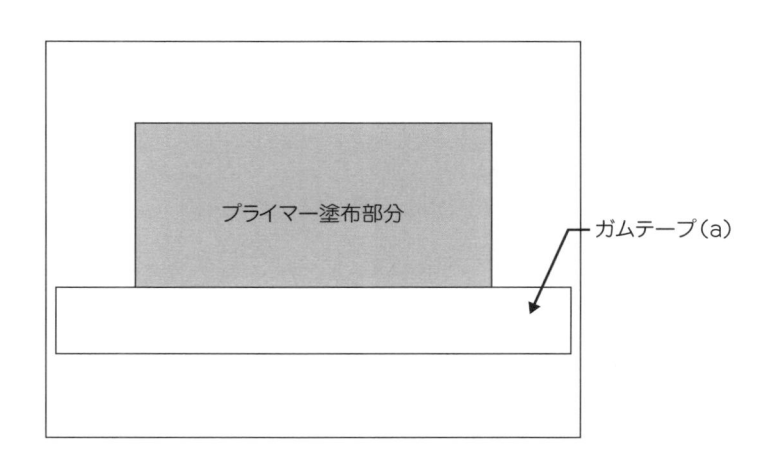

図5.5

5．ウレタン防水材を0.5kg／㎡程度塗布し，補強材（不織布，さらし木綿等）をエアーの巻き込みが無いように注意しながら貼り付け，下塗りしたウレタン防水材が硬化する前に上からウレタン防水材を塗布する（**図5.6参照**）。

塗膜厚み：2㎜程度

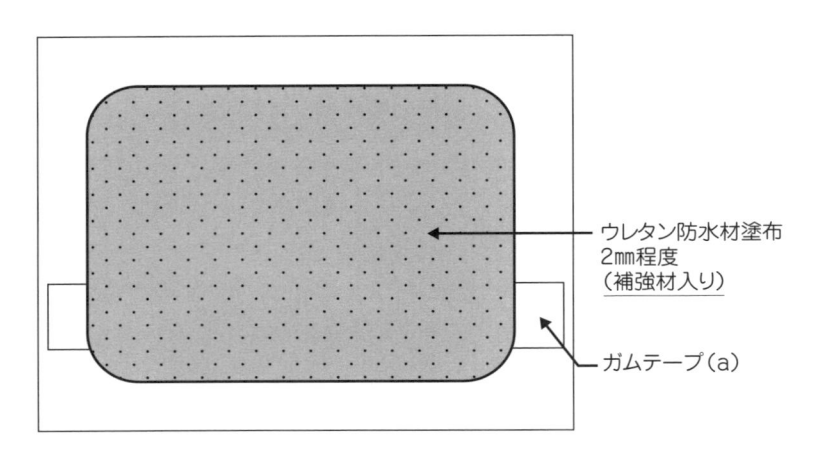

図5.6

6. ウレタン防水材の硬化後にガムテープ（a）を貼った方向と直角に25mm幅で下地までカッターで
切断し，切断した試験片の長手方向から180°方向にピーリングを行う。
剥離しにくい場合は界面にカッターを入れながら行う（**図5.7参照**）。

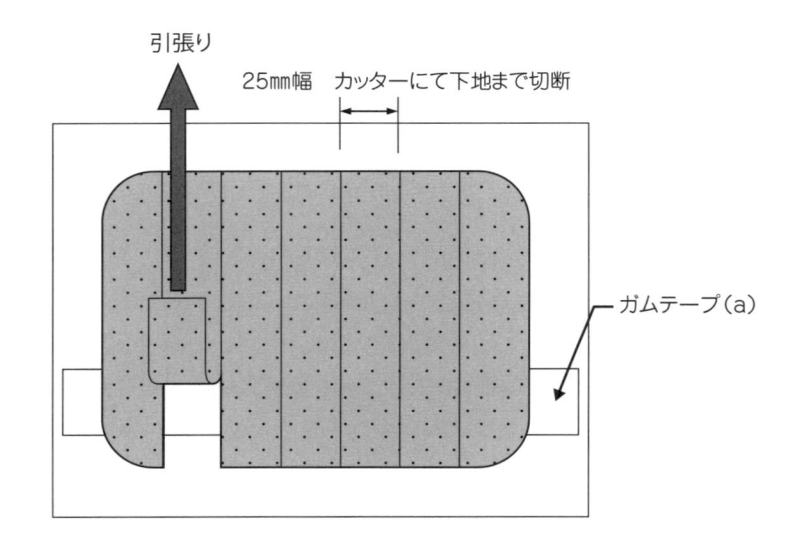

図5.7　ウレタン防水層端部を引張りあげる（ピーリング）

［試験結果］　剥離状態や剥離強度を下記の様に表す。

剥離状態　　　　Ａf：界面剥離（剥離部分と割合を記入）

　　　　　　　　Ｃf：新設ウレタン防水材凝集破壊（破壊部分と割合を記入）

　　　　　　　　Ｍf：下地の破壊（破壊部分と割合を記入）

剥離強度（感触）　○　：十分

　　　　　　　　△　：やや劣る

　　　　　　　　×　：不十分

⑵既存防水層の接着試験

建研式引張り試験

　下地にプライマーを塗布して硬化後にウレタン防水材を塗布し，硬化してからアタッチメントを接着剤で取り付け，建研式引張り試験機を用いて接着状態や強度を確認する試験方法。

［試験手順］

1．下地表面のゴミや埃，汚れを箒やウエス等で除去する。
2．下地にプライマーを塗布して硬化後，ウレタン防水材を塗布し硬化してから，試験部位に40㎜×40㎜のアタッチメントをエポキシ系接着剤で取付けて十分硬化させる。
3．アタッチメントの側面に沿って，下地まで深く切込みを入れる（電動工具を用いることもある）。
4．建研式引張り試験機をセットし，ハンドルを回して引張り応力をかける
5．破壊時の数値を読取り，接着強さとする（N/㎟）
6．破壊状態を観察する。
　注）引張り上げる速度（ハンドルを回す速度）により数値が変わることがある。
　　　状況によりウレタン防水材の塗布を省略することもある。

写真5.1　建研式引張り試験中

写真5.2　接着強さ

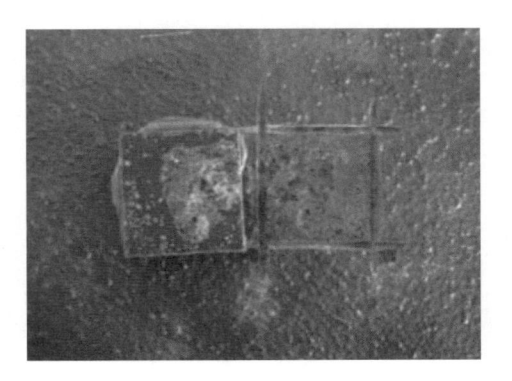

写真5.3　破壊状態

［評価基準］

　・基準とした接着強度に達したものを合格とする（目的により基準強度は異なる）。

⑶アンカー引き抜き試験

　下地にアンカーを打ち込み建研式引張り試験機を用いて目標とする強度が得られるか確認する試験方法。

［試験方法］

1．下地にアンカーを打込む

　　注）アンカーの種類によって打ち込む深さが異なる。

2．専用のアタッチメントを取付ける。

3．引張り試験機をセットし，ハンドルを回して引張り応力をかける。

4．破壊時の数値を読取り，引抜き強さとする（N）。

5．破壊状態を観察する。

　　注）引張り上げる速度（ハンドルを回す速度）により数値が変わることがある。

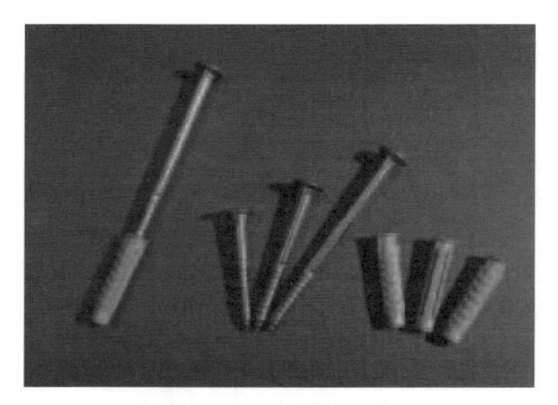

写真5.4　各種アンカー

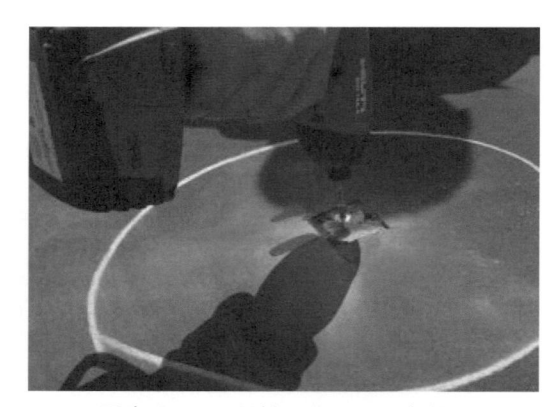

写真5.5　下地にアンカー打込み

写真5.6　引抜き試験中

［評価基準］

　・基準とした引き抜き強度に達したものを合格とする。（アンカーの種類や下地により強度は異なる）

5.4.2　水分測定【参考】

　下地（躯体）の水分量の測定方法として，高周波静電容量式水分計を用いる方法を以下に示す。

　高周波静電容量式水分計による測定（表面から40mm程度まで）

1．使用する水分計
　　・コンクリート，モルタル用高周波静電容量式水分計HI-520-2（㈱ケット科学研究所製）もしくはそ
　　　れに準ずるもの

2．測定手順
　　①水分計を，以下の通りセットする。
　　　　材料選択：コンクリート（対象下地に合わせて選択する）
　　　　温度補正：自動補正
　　②測定対象下地から，測定対象箇所を適宜選定する。
　　③水分計の取扱説明書に従って，電源を投入する。
　　④水分計を測定対象箇所の下地表面に置き，表示値を読みとる。測定は，水分計を置く位置を適宜ず
　　　らしながら数回行い，平均的な表示値を求める。

3．結果の表示
　　・数ヶ所の表示値の平均値を，測定結果とする。

4．注意事項
　　・水分計の表示値は真の水分率ではないので，水分量の目安にはなるが解釈には注意を要する。

5．水分量の目安
　　・施工可能な水分量の目安は，10%以下とする。
　　・測定結果が10%以下であっても，下地表面が水分により黒く変色している（湿っている）場合は，
　　　表面が乾燥するまで施工しない。

※参考資料：コンクリート・モルタル水分計HI-520-2取扱説明書（㈱ケット科学研究所）

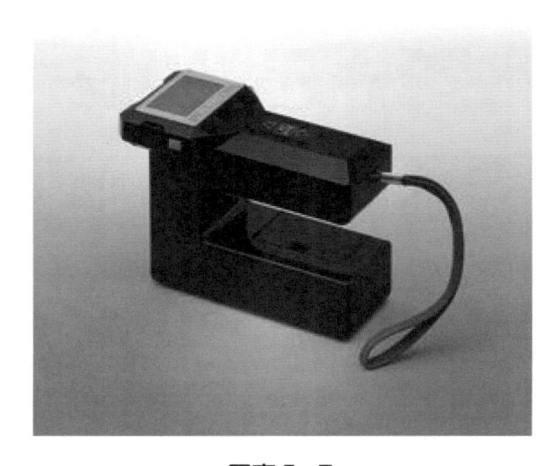

写真5．7

5.5 防水施工

　防水の施工は，下地処理からプライマー，ウレタン防水材，保護塗料の塗布まで数回の工程を重ねて所定の性能を有する防水層を形成するものである。

　適正な防水層を形成するためには各工程毎に注意しなければならない点や守るべき事柄が多くある。

　(一社) 全国防水工事業協会が発刊している防水施工法の第7章ウレタンゴム系防水を引用させていただいた。(図と写真の番号は原文通り)

5.5.1 塗り工法（ウレタンゴム系）

e. 施　　工

1) 施工の段取り

(1) 安全関係の確認

　現場の安全規則及び就労規則などを確認すると同時に，現場の環境及び状況を把握する（安全通路・保安関係などを含む）。

(2) 仮設関係の確認

　材料などの揚重設備と周辺の状況を把握する。

(3) 周辺作業の確認

　作業場所の周辺作業及び上下作業などの有無のほか，前工程・後工程などの作業内容を確認する。

(4) 材料の保管

　現場への材料の搬入は，事前に建設業者の現場の係員と搬入日・搬入方法・揚重方法・保管場所などについて綿密な打ち合わせを行う。

　現場に搬入された材料は，その種類・規格などが仕様書に指定されている材料と相違ないことを確認する。

　プライマー・接着剤及びウレタンゴム系防水材などで，消防法の危険物に該当するものは，保管数量に規制があるので，材料の種類ごとに数量などを確認する。

　材料の保管では，次の事項に注意する。

　i. 保管場所は，直射日光や降雨雪などがかからない屋内を選定するのが望ましい。屋外に保管する場合は，作業通路から離れた場所・火気を使用しない場所で危険物の保管に適切な場所を選定し，地面やスラブの上に直接置くことは避け，パネル材などの平らなものを敷いた上に置き，雨養生シートを掛け，さらに風で飛ばされないようにロープあるいはネットなどを掛けて押えておく。

　ii. スラブ面に多量に保管する場合は，集中荷重を与えないよう梁上に分散させて置く。

iii．通気緩衝シート類及び材料入りの容器類の運搬・取扱いは，丁寧に行い，損傷させないように注意する。

iv．通気緩衝シート類は，耳がつぶれないように注意して取り扱い，縦置きに保管し，吸水，吸湿及び高温などによる品質低下をまねかないように注意する。

v．容器類（ウレタンゴム系防水材，プライマー，接着剤，仕上げ塗料など）は，18L缶，ペール缶は縦積み2段，9L缶などの小缶は縦積み3段までとし，荷崩れしないように積み重ねる。容器類は天板に水が溜まらないような保管方法とする。

　　これらの材料は可燃性溶剤を含むものが多いため，引火や爆発などの危険がないように火気及び気温などに十分に注意して保管する。

(5)　照　　明

　夜間工事あるいは屋内などにおける施工では，手元が判別しにくくなるため，手元が明るく，しかも影ができないように四方からの照明が必要である。

(6)　下地の清掃及び処理

　下地の清掃及び処理は，防水工事の品質を大きく左右する重要な作業であるので十分に注意する。

　下地の清掃及び処理では，次の事項に注意する。

i．モルタルの"こぼれ"などは，ケレン棒で削り取る。

ii．コンクリートの突起や番線・鉄筋などは，撤去して下地を平坦に補修する。

iii．レイタンス及び豆板がある場合は，撤去して下地を平坦にポリマーセメントモルタル等で補修する。

iv．ピンホールがある場合は，ポリマーセメントモルタル等で平坦に補修する。

v．清掃は，パラペットの天端から行う（ごみを外側に落とさないよう注意する）。

vi．ルーフドレンや入隅部などは，毛ばけを用いて清掃する。

vii．掃き掃除は，風上から風下に向かって行う。

viii．ホウキで，掃ききれない微細な埃（ほこり）などは，掃除機などを用いて清掃する。

MEMO

> 錆止め塗装してある金属下地では，プライマーの溶剤によっては塗装材の劣化・剥離などが生じる可能性があることから，防水材料製造所の仕様による。

MEMO

> 建築工事監理指針（令和4年版　公共建築協会）では，ルーフドレンは，公共建築工事標準仕様書（令和4年版　公共建築協会）表13.5.1によるものとされている。

2） 密着工法

(1) プライマー塗り

　プライマーは，「e，1），(6)下地の清掃及び処理」に示す各事項の内容を確認した後，立上り，平場の順に塗布する。

　屋内等換気の悪い場所で有機溶剤を含むプライマーを使用する場合は，有機溶剤作業主任者を選任する必要がある。

MEMO

労働安全衛生法施行令（昭和47年8月19日政令第318号）

（作業主任者を選任すべき作業）

第6条　法第14条の政令で定める作業は，次のとおりとする。

二十二　屋内作業場又はタンク，船倉若しくは坑の内部その他の厚生労働省令で定める場所において別表第6の2に掲げる有機溶剤（当該有機溶剤と当該有機溶剤以外の物との混合物で，当該有機溶剤を当該混合物の重量の5％を超えて含有するものを含む。第21条第10号及び第22条第1項第6号において同じ。）を製造し，又は取り扱う業務で，厚生労働省令で定めるものに係る作業

　プライマーは，施工箇所のすべての面に，ウールローラー，スモールローラーあるいは毛ばけなどを適宜に用いて所定量をむらなく塗布する。

　プライマー塗りでは，次の事項に注意する。

　ⅰ．缶に記載のある場合は，塗布する前に，プライマーの缶をよく振って，沈降している成分をかくはんする。

　ⅱ．塗布面にプライマーの溜りができないように，防水施工範囲にむらなく塗布する。吸い込みの多い下地には，再度プライマーを塗布する。

　ⅲ．プライマー塗りは，その日のうちに，ウレタンゴム系防水材を施工する範囲とする。プライマーを塗布した部分が翌日の施工になった場合は，防水材料製造所の指定する方法とする。

　ⅳ．プライマーを塗布する用具は，その部位に適したものを選定する。

　ⅴ．立上り面に塗布した後，平場に塗布する。

　　立上り面に塗布したプライマーが流れ落ち，溜りができやすくなるため，流れ落ちたプライマーは，平場に塗り広げておく。

　ⅵ．降雨・降雪が予想される場合は，プライマー塗りは行わない。塗布したプライマーが乾燥する前に雨に降られた場合は，よく乾燥させた後，塗り直す必要がある。

　ⅶ．換気の悪い場所で，プライマーを塗布する場合は，「有機溶剤作業主任者」の立会いが必要となる。

　ⅷ．PCa（プレキャストコンクリート）部材やALCパネルなどの場合は，継手目地部分からプライマーがこぼれ落ちないように注意する。

MEMO

プライマーの塗布用具の選定例		
ウールローラー	スモールローラー	毛 ば け
平 場	立上り 出入隅 ルーフドレン回り 貫通配管回り	出入隅 ルーフドレン回り 貫通配管回り

MEMO

有機溶剤タイプのプライマーが乾燥する際に発生するガスは，比重が重く足元から屋内上部へと充満していくため，気がつかないうちに有機溶剤中毒を起こす場合があるとともに，仮設電灯のスパークや工具類などの火花などで引火し重大事故を起こす場合がある。このようなことから，屋内など閉所空間では有機溶剤タイプのプライマーの使用は避け，エマルションタイプを使用するほうがよい。

(2) ウレタンゴム系防水材の混合・かくはん

　ウレタンゴム系防水材の混合・かくはんは，主剤及び硬化剤を所定の割合で混合し，電動かくはん機を用いてかくはんする。

　1回に混合・かくはんする量は，主剤と硬化剤を1セット単位とするのが望ましいがやむを得ない場合は，所定の割合で主剤と硬化剤を，秤で正確に量る。

　ウレタンゴム系防水材の混合・かくはんでは，次の事項に注意する。

　i．混合・かくはんする作業場所は，下地を汚さないようにビニルシートなどを敷いて養生する。

　ii．1セット未満の材料を混合・かくはんする場合は，量り間違いのないように注意する。

　iii．かくはんは，空気を巻き込まないようにかくはん容器の下の方で行う。

　iv．かくはん容器は，底部に凹凸のない円形のポリバケツなどを使用し，かくはん時間は3分以上行う。

　v．希釈剤：低温時などで，ウレタンゴム系防水材の粘度が高く施工が困難な場合は，防水材料製造所の指定する範囲で，希釈剤で希釈してもよい。

　vi．かくはんしたウレタンゴム系防水材は，可使時間内に使い切る。

MEMO

日本建築学会建築工事標準仕様書（JASS8-2022）では，希釈剤は防水材料製造所の指定するものとし，「ウレタンゴム系塗膜防水材に対して，5%以内」としている。

MEMO

ウレタンゴム系防水材の混合・かくはんに使用する電動かくはん機は，低回転型（300～600回転／分程度）が適しており，羽根の形状は3枚羽根が適している。回転が速いと気泡を巻き込み，ピンホールの原因となるばかりでなく塗膜の仕上りを悪くする。

(3) 補強布の補強張り（増張り）その他

塗布したプライマーの乾燥を確認した後，立上り・平場のウレタンゴム系防水材の施工に先立ち，出入隅，出入隅角，ルーフドレン回り，貫通配管回りなどに補強布を用いて補強張りを行う。

① 出入隅及び出入隅角

出隅及び入隅の立上りに70mm程度，平場に70mm程度の範囲にゴムベラなどを用いてウレタンゴム系防水材をむらなく塗り付ける。次に幅100mm程度に裁断した補強布を図7.1.2に示すように，立上りと平場に平均に張り掛けて，浮き及びしわができないようにゴムベラなどで押さえて張り付ける。とくに入隅部が浮かないようにゴムベラなどで押さえる。

次に補強布の目が見えなくなる程度にウレタンゴム系防水材をむらなく塗り付ける。

補強布相互の重ね幅は，50mm程度とし，ウレタンゴム系防水材を塗り付けてから張り重ねる。

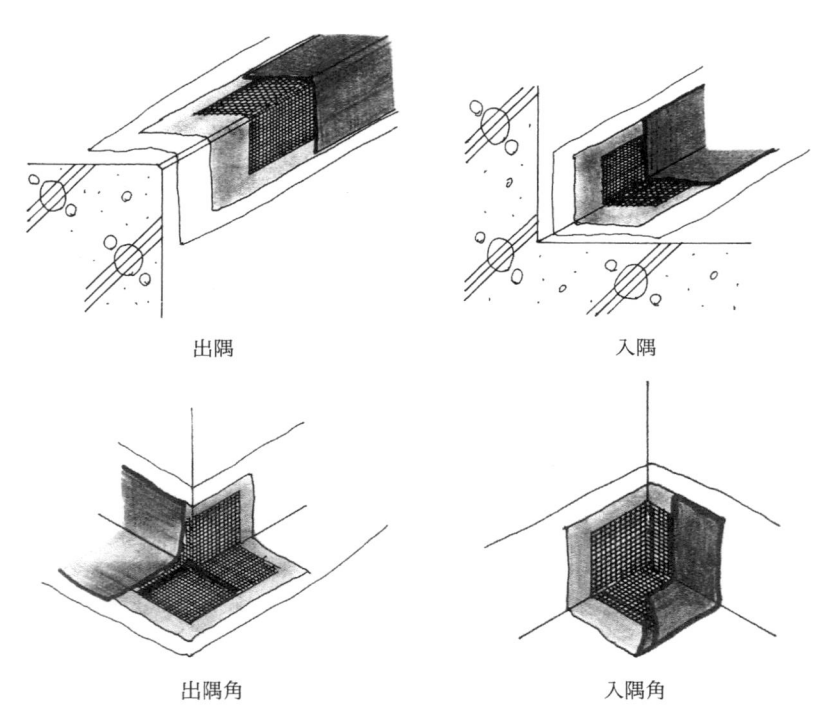

出隅　　　　　　　　　　　　　入隅

出隅角　　　　　　　　　　　　入隅角

図7.1.2 出入隅及び出入隅角への補強布張付けの例

② ルーフドレン回り

ルーフドレンのつば及び周囲の下地（70mm程度）にゴムベラなどを用いてウレタンゴム系防水材をむらなく塗り付ける。次に幅100mm程度に裁断した補強布を，図7.1.3に示すように浮き及びしわができないようにゴムベラなどで押さえて張り付けた後，補強布の目が見えなくなる程度にウレタンゴム系防水材をむらなく塗り付ける。

　ルーフドレンのつばの形状によって張り付けた補強布が浮くような場合は，浮き部分をカットしてなじませ，その部分に別に裁断した補強布をゴムベラなどで張り付ける。

　補強布相互の重ね幅は，50mm程度とし，ウレタンゴム系防水材を塗り付けてから張り重ねる。

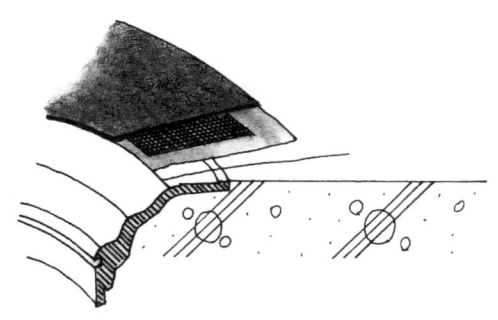

図7.1.3　ルーフドレン回りの補強布張付けの例

③　貫通配管回り

　配管の下部から100mm程度の高さ及び平場の周囲50mm程度の範囲にウレタンゴム系防水材を毛ばけなどを用いてむらなく塗り付ける。補強布を幅130mm程度で，長さを配管の周囲に50mm程度プラスした大きさに裁断し，30mm程度の切込みを入れてたこ足状にし，図7.1.4に示すように浮き及びしわができないようにゴムベラなどで押さえて張り付けた後，補強布の目が見えなくなる程度にウレタンゴム系防水材をむらなく塗り付ける。

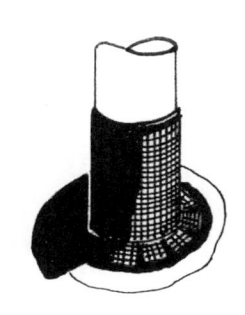

図7.1.4　貫通配管回りの補強布張付けの例

　補強布相互の重ね幅は，50mm程度とし，ウレタンゴム系防水材を塗り付けてから張り重ねる。

④　コンクリート打継ぎ部及び著しいひび割れ部

　防水材料製造所の指定する施工方法で下地ひび割れ部・コンクリート打継ぎ部の処理を行う。

MEMO

> 　コンクリートの打継ぎ部やひび割れ部の処理では，防水材料製造所の指定する施工方法とする必要がある。ひび割れ部や打継ぎ部の処理には，次のような方法がある。
> 　ⅰ．シール材を充填する。
> 　ⅱ．Uカットしてシール材を充填する。
> 　ⅲ．Uカットしてシール材を充填した後，幅50mm程度の絶縁用テープを張り付ける。
> 　ⅳ．Uカットしてシール材を充填した後，幅100mm程度の補強布をウレタンゴム系防水材で補強塗りする。

⑷　補強布張付けとウレタンゴム系防水材塗り

　一般に，立上りの補強布を平場に張り掛け，その平場に張り掛けた立上りの補強布に平場の補強布を50mm程度以上張り重ね，またウレタンゴム系防水材を100mm程度以上塗り継いで仕上げる。

①　立上り

　先に補強塗り（増塗り）したウレタンゴム系防水材が硬化していることを確認した後，立上り上末端の所定の位置から平場に張り掛ける長さに裁断した補強布を，ゴムベラなどを用いてウレタンゴム系防水材を所定量塗り付けて，図7.1.5(a)及び(b)に示すように，浮き及びしわができないように張り付ける。補強布相互の重ね幅は50mm程度とし，ウレタンゴム系防水材を塗り付けてから張り重ねる。補強布を張り付けたウレタンゴム系防水材が硬化したことを確認した後，ウレタンゴム系防水材を所定量むらなく塗り付ける。

　なお，補強布を張り付けたウレタンゴム系防水材の硬化を待たずに，ウレタンゴム系防水材を所定量塗り付ける場合もある。

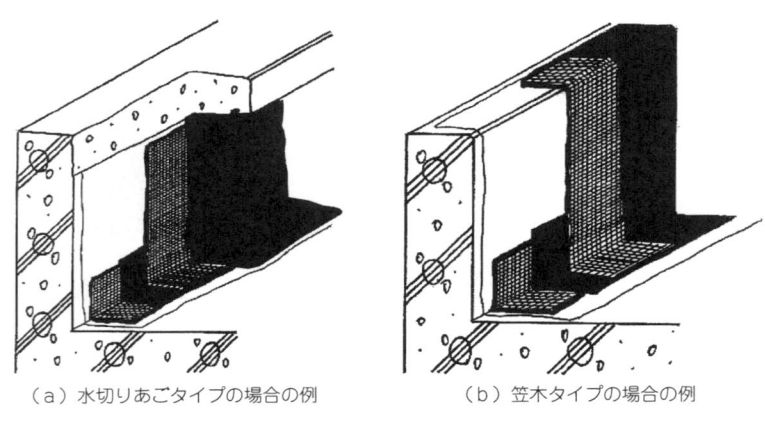

（ａ）水切りあごタイプの場合の例　　　　（ｂ）笠木タイプの場合の例

図7.1.5　立上りの補強布張付けの例

②　平場

　先に平場に張り掛けた立上りのウレタンゴム系防水材が硬化していることを確認した後，ゴムベラなどを用いて，平場に張り付ける補強布の1通し分の範囲に，ウレタンゴム系防水材を所定量塗り付けて，平場の補強布を先に平場に張り掛けた立上りの補強布に50mm程度張り重ね，図7.1.6に示すように，浮き及びしわができないように張り付けた後，順次，1通し目と同様にして図7.1.7に示すように平場の補強布を張り付ける。

　補強布相互の重ね幅は50mm程度とし，ウレタンゴム系防水材を塗り付けてから張り重ねる。補強布を張り付けたウレタンゴム系防水材が硬化したことを確認した後，ウレタンゴム系防水材を所定量むらなく塗り付ける。

　なお，補強布を張り付けたウレタンゴム系防水材の硬化を待たずに，ウレタンゴム系防水材を所定量塗り付ける場合もある。

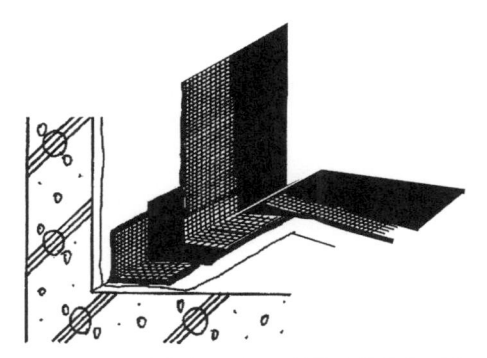

図7.1.6 立上り際の平場の補強布張付けの例

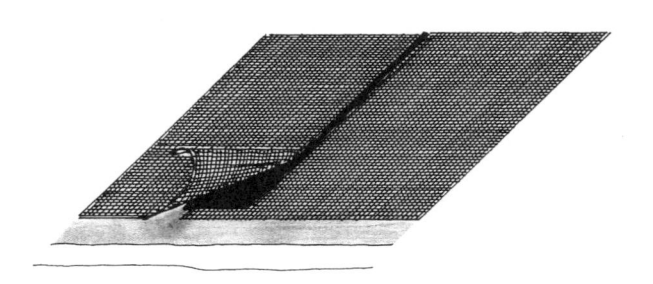

図7.1.7 平場の補強布張付けの例

③　ルーフドレン回り

　ルーフドレン回りは，先に補強塗り（増塗り）したウレタンゴム系防水材が硬化していることを確認した後，ウレタンゴム系防水材を所定量塗り付けて平場の補強布をそれに張り重ねて浮き及びしわができないように張り付ける。補強布を張り付けたウレタンゴム系防水材が硬化したことを確認した後，ウレタンゴム系防水材を所定量むらなく塗り付ける。

　補強布の末端部は補強張りした補強布にそろえて止め，補強布端部に口あきができないようによく押えて張り掛ける。

　なお，補強布を張り付けたウレタンゴム系防水材の硬化を待たずに，ウレタンゴム系防水材を所定量塗り付ける場合もある。

④　貫通配管回り

　貫通配管回りは，先に補強塗り（増塗り）したウレタンゴム系防水材が硬化していることを確認した後，貫通配管回りの補強張りと同様にして，所定の高さまでウレタンゴム系防水材を所定量塗り付けて補強布を張り付ける。補強布を張り付けたウレタンゴム系防水材が硬化したことを確認した後，ウレタンゴム系防水材を所定量むらなく塗り付ける。

　平場の補強布は，貫通配管根元部に隙間ができないように，貫通配管根元部の平場に張り掛けた補強布に張り重ね，補強布端部に口あきができないようによく押えて張り付ける。

　なお，補強布を張り付けたウレタンゴム系防水材の硬化を待たずに，ウレタンゴム系防水材を所定量塗り付ける場合もある。

補強布張付けでは，次の事項に注意する。

ⅰ．混合・かくはんしたウレタンゴム系防水材の可使時間を確認する。

ⅱ．下塗りのウレタンゴム系防水材は，むらなく塗布する。

ⅲ．補強布は，浮き及びしわができないようにゴムベラなどで押さえて張り付ける。

ⅳ．張り付けた補強布に浮き及びしわができた場合は，その部分を切り取り，改めて補強布を張り付ける。

ⅴ．補強布相互の重ねは，ウレタンゴム系防水材を塗布して張り重ねる。

ⅵ．補強布相互の重ね幅は，50mm程度とする。

ⅶ．補強布の上へのウレタンゴム系防水材の塗付けは，所定の塗布量をむらなく塗り付ける。

ⅷ．ルーフドレン回りでは，ルーフドレンの落ち口にウレタンゴム系防水材が流れこまないように養生をしておく。

ⅸ．天候に注意して，降雨などの心配がないことを確認する。

⑸ 立上り及び平場の2層目のウレタンゴム系防水材塗り

① 立上り

先に塗り付けたウレタンゴム系防水材が硬化していることを確認した後，図7.1.8(a)及び(b)に示すように，立上り用のウレタンゴム系防水材をゴムベラなどを用いて所定量をむらなく塗り付ける。

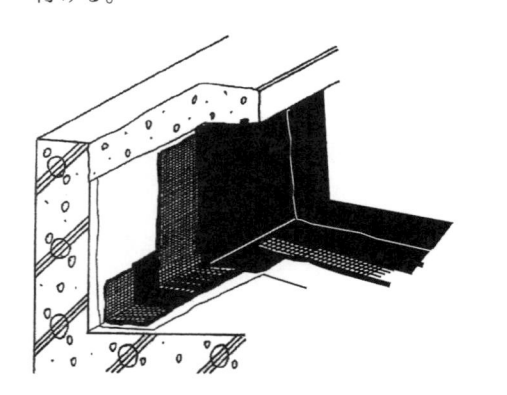 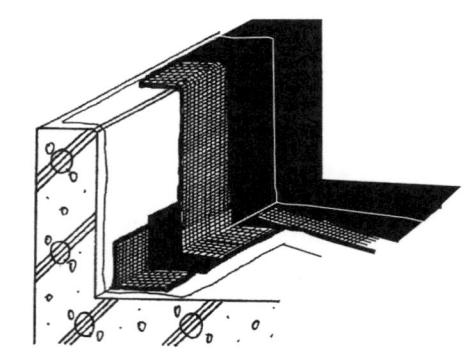

（a）水切りあごタイプの場合の塗付け例 （b）笠木タイプの場合の塗付け例

図7.1.8 立上りのウレタンゴム系防水材塗りの例

② 平場及びルーフドレン回り，貫通配管回り

先に塗り付けたウレタンゴム系防水材が硬化していることを確認した後，図7.1.9に示すように，一般用のウレタンゴム系防水材を金ごてなどを用いて所定量をむらなく塗り付ける。

ルーフドレン回りや貫通配管回りは，毛ばけなどを用いてむらなく塗り付ける。

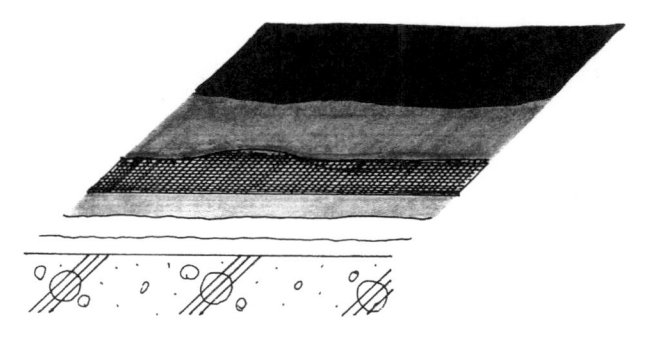

図7.1.9　平場のウレタンゴム系防水材塗りの例

ウレタンゴム系防水材塗りでは，次の事項に注意する。

ⅰ．混合・かくはんしたウレタンゴム系防水材の可使時間を確認する。

ⅱ．1層目の塗付けでは，補強布を張り付けたウレタンゴム系防水材が硬化していること及び表面に不純物が付着していないことを確認する。

ⅲ．2層目の塗付けでは，1層目に塗り付けたウレタンゴム系防水材が硬化していること及び表面に不純物が付着していないことを確認する。

ⅳ．ウレタンゴム系防水材の塗付け量が所定量になっていることを確認しながらむらなく塗り付ける。

ⅴ．所定量（膜厚）を守るため，1セット当たりの塗布面積を確認する。

ⅵ．ウレタンゴム系防水材の塗り継ぎは，100mm程度塗り重ねて，1層目と2層目の塗継ぎ位置が重ならないようにする。

ⅶ．1層目の塗付け及び2層目の塗付けの間に，日数が開いてしまった場合は，防水材料製造所の指定する，塗重ね用のプライマーなどを塗布する必要がある。

ⅷ．常に天候に注意して，降雨などの心配がないことを確認する。

MEMO

> 屋上防水におけるウレタンゴム系防水材の塗重ね時間の限界は材料により異なるので，防水材料製造所に確認する。一般的な例を以下に示す。
> 　春秋期の施工では，10時間以上3日以内
> 　夏季の施工では，5時間以上3日以内
> 　冬季の施工では，15時間以上3日以内

3）　絶縁工法

(1)　プライマー塗り

平場，立上り，出入隅，出入隅角，ルーフドレン回り，貫通配管回り，コンクリートの打継ぎ部や著しいひび割れ部にプライマーを塗布する。プライマー塗りでの注意事項は「e，2），(1)プライマー塗り」の項参照。

(2) ウレタンゴム系防水材の混合・かくはん

「e，2），⑵ウレタンゴム系防水材の混合・かくはん」の項参照。

(3) 補強布の補強張り（増張り）その他

通気緩衝シートの張付けに先立って，一般に出入隅，出入隅角，ルーフドレン回り，貫通配管回り，コンクリートの打継ぎ部や著しいひび割れ部などは，「e，2），⑶補強布の補強張り（増張り）その他」と同様の処理を行う。

(4) 通気緩衝シート張付け

通気緩衝シートの張付け方法は，シートの形状・材質により異なるので防水材料製造所の指定する方法で施工する。

自着タイプの通気緩衝シートは，平場にプライマーを塗布して直接張り付けるが，不織布タイプの通気緩衝シートは接着剤を用いて張付ける。

接着剤による張付け方法を以下に示す。

① 接着剤塗り

接着剤は，「e，1），⑹下地の清掃及び処理」に示す各事項の内容をチェック確認した後，平場にのみ塗布する。

接着剤は，不織布タイプの通気緩衝シートを張り付ける面に，ウールローラーなどで，むらなく塗布する。

接着剤塗りでは，次の事項に注意する。

ⅰ．塗布する前に，接着剤の缶をよく振って，沈降している成分をかくはんする。

ⅱ．塗布面に接着剤の溜りができないように，むらなく塗布する。

ⅲ．接着剤塗りは，接着剤の可使時間内に通気緩衝シートが張付けできる範囲とする。

ⅳ．降雨・降雪が予想される場合は，接着剤塗りは行わない。

② 不織布タイプの通気緩衝シート張付け

イ．平場

塗布した接着剤のオープンタイムを確認し，図7.1.10に示すように，立上りから50mm程度離れた位置に合わせて曲がらないように真っ直ぐに張り付け，浮き及びしわができないようにハンドローラーで転圧して接着させ，立上り側の通気緩衝シート端部にシール材を充填する。

通気緩衝シート相互の接合は，図7.1.11に示すように，隙間ができないように突き付けとし，補強用のジョイントテープ（防水材料製造所の指定するもの）を張り付け，ハンドローラーで転圧して接着させる。

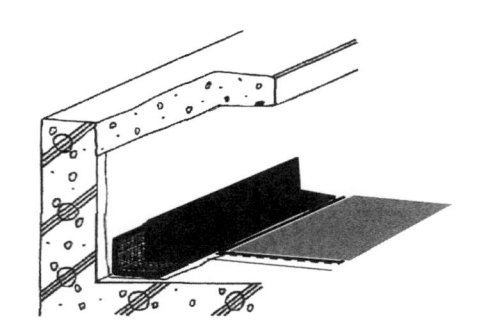

図7.1.10　立上り際及び一般平場への張付けの例

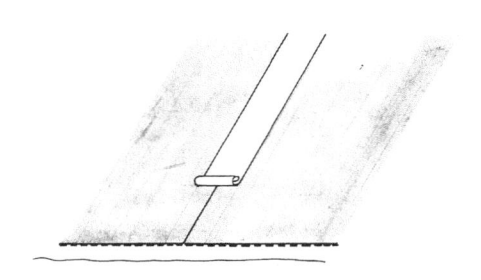

図7.1.11　通気緩衝シート相互の接合部の処理の例

ロ．ルーフドレン回り

　ルーフドレン回りの通気緩衝シートの張付けは，塗布した接着剤のオープンタイムを確認し，図7.1.12に示すように，ルーフドレンのつばから300mm程度離れた位置で円形に切り抜いて張り付け，浮き及びしわができないようにハンドローラーで転圧して接着させ，通気緩衝シート端部にシール材を充填する。

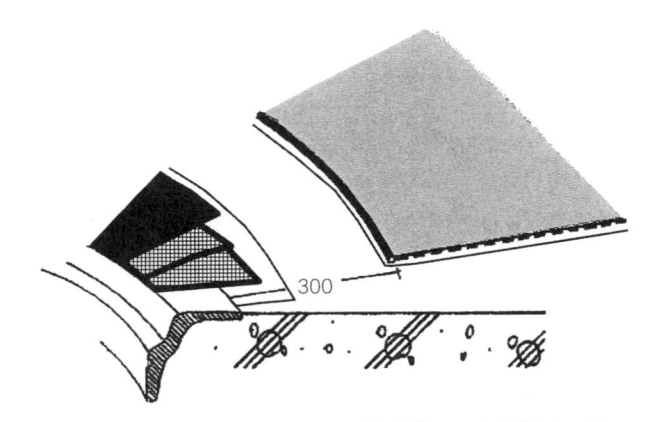

図7.1.12　ルーフドレン回りの通気緩衝シート張付けの例

ハ．貫通配管回り

　貫通配管回りの通気緩衝シートの張付けは，塗布した接着剤のオープンタイムを確認し，図7.1.13に示すように，貫通配管から50mm程度離れた位置で円形に切り抜いて張り付け，浮き及びしわができないようにハンドローラーで転圧して接着させ，通気緩衝シート端部にシール材を充填する。

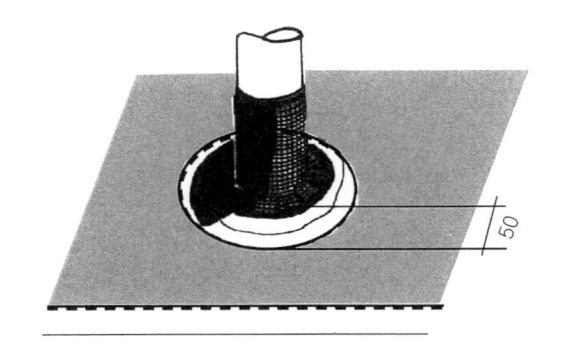

図7.1.13 貫通配管回りの通気緩衝シート張付けの例

不織布タイプの通気緩衝シート張付けでは，次の事項に注意する。

ⅰ．塗布した接着剤のオープンタイムを確認する。

ⅱ．塗布した接着剤が可使時間内であることを確認する。

ⅲ．立上り際，ルーフドレン回り及び貫通配管回りでは，所定の寸法を確保して張り付ける。

ⅳ．通気緩衝シート相互は，隙間なく突き付けて張り付け，防水材料製造所が指定する粘着テープを張り付ける。

ⅴ．浮き及びしわができないように張り付ける。

ⅵ．通気緩衝シートの張りじまい端部にはシール材を充填する。

MEMO

種　　別		張付けと転圧方法
通気緩衝シートの種類により，転圧方法は以下を標準とする。		
不織布タイプ	穴なし	接着剤を塗布してオープンタイム後に通気緩衝シートを張り付けて，ウールローラーでシート下の空気を押出しながら転圧する。
	穴あき	接着剤を塗布してオープンタイム後に通気緩衝シートを張り付けて，ウールローラーでシート下の空気を押出しながら転圧する。
複合タイプ	自着	プライマーを塗布してオープンタイム後に通気緩衝シートを張り付けて，ウールローラーでシート下の空気を押出した後で，専用の転圧ローラーで圧着させる。
	接着剤	接着剤を塗布してオープンタイム後に通気緩衝シートを張り付けて，ウールローラーでシート下の空気を押出した後で，専用の転圧ローラーで圧着させる。
	機械的固定	防水材料製造所が指定する方法で行う。

(5) 補強布張付けとウレタンゴム系防水材塗り

① 立上り

先に補強塗り（増塗り）したウレタンゴム系防水材が硬化していることを確認した後，立上り上末端の所定の位置から平場の通気緩衝シートに100mm程度張り掛ける長さに裁断した補

強布を，ゴムベラなどを用いてウレタンゴム系防水材を所定量塗り付けて，図7.1.14に示すように，浮き及びしわができないようにゴムベラなどで押さえて張り付ける。補強布相互の重ね幅は50mm程度とし，ウレタンゴム系防水材を塗り付けてから張り重ねる。補強布を張り付けたウレタンゴム系防水材が硬化したことを確認した後，ウレタンゴム系防水材を所定量むらなく塗り付ける。

なお，補強布を張り付けたウレタンゴム系防水材の硬化を待たずに，ウレタンゴム系防水材を所定量塗り付ける場合もある。

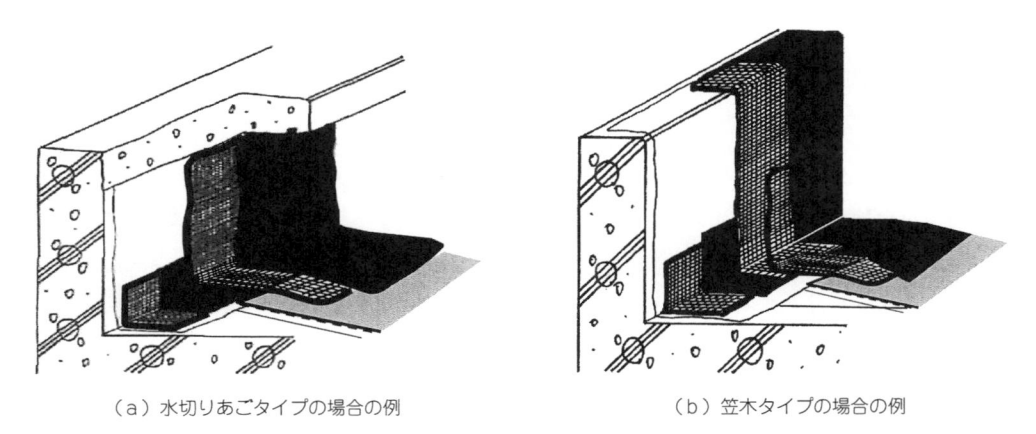

（ａ）水切りあごタイプの場合の例　　　　　　（ｂ）笠木タイプの場合の例

図7.1.14　立上りの補強布張付けの例

② ルーフドレン回り

先に補強塗り（増塗り）したウレタンゴム系防水材が硬化していることを確認した後，ルーフドレンのつば及び周囲の下地と通気緩衝シートに100mm程度塗り被せるように，ウレタンゴム系防水材を所定量ゴムベラなどを用いてむらなく塗り付ける。幅500mm程度で扇状に裁断した補強布を，図7.1.15に示すように浮き及びしわができないようにゴムベラなどで押さえて張り付ける。

ルーフドレンのつばの形状によって張り付けた補強布が浮くような場合は，浮き部分をカットしてなじませ，その部分に別の補強布を裁断して張り付け，ゴムベラなどで押さえて張り付ける。補強布を張り付けたウレタンゴム系防水材が硬化したことを確認した後，ウレタンゴム系防水材を所定量むらなく塗り付ける。

なお，補強布を張り付けたウレタンゴム系防水材の硬化を待たずに，ウレタンゴム系防水材を所定量塗り付ける場合もある。

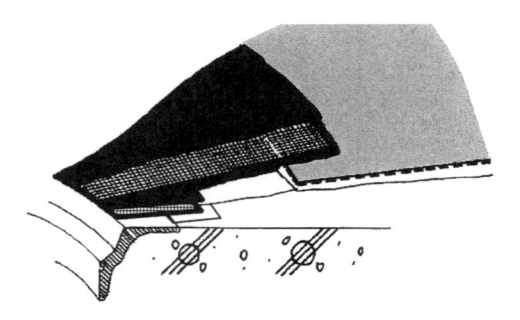

図7.1.15　ルーフドレン回りの補強布張付けの例

③　貫通配管回り

　先に補強塗り（増塗り）したウレタンゴム系防水材が硬化していることを確認した後，配管の下部から所定の高さ及び配管の際から平場の通気緩衝シートに100mm程度塗り被せるようにウレタンゴム系防水材を所定量毛ばけなどを用いてむらなく塗り付ける。

　次に，補強布を幅が配管の所定の高さに30mm程度プラスした大きさで，長さを配管の周囲に50mm程度プラスした大きさに裁断し，30mm程度の切込みを入れてたこ足状にし，図7.1.16(a)に示すように浮き及びしわができないようにゴムベラなどで押さえて張り付けた後，たこ足状の補強布の上にウレタンゴム系防水材を塗り付けて，図7.1.16(b)に示すように，400mm角程度に裁断した補強布を浮き及びしわができないようにゴムベラなどで押さえて張り付ける。補強布を張り付けたウレタンゴム系防水材が硬化したことを確認した後，ウレタンゴム系防水材を所定量むらなく塗り付ける。

　なお，補強布を張り付けたウレタンゴム系防水材の硬化を待たずに，ウレタンゴム系防水材を所定量塗り付ける場合もある。

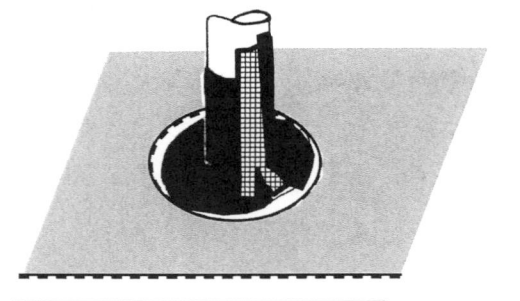
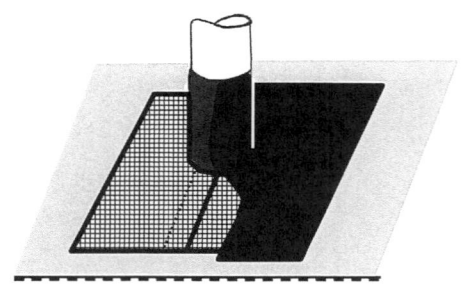

（a）たこ足状の補強布張付けの例　　　　　　　（b）400mm角程度の補強布張付けの例

図7.1.16　貫通配管回りの補強布張付けの例

　補強布張付けでは，次の事項に注意する。

ⅰ．混合・かくはんしたウレタンゴム系防水材の可使時間を確認する。

ⅱ．下塗りのウレタンゴム系防水材は，むらなく塗布する。

iii．補強布は，浮き及びしわができないようにゴムベラなどで押さえて張り付ける。

iv．張り付けた補強布に浮き及びしわができた場合は，その部分を切り取り，改めて補強布を張り付ける。

v．補強布相互の重ねは，ウレタンゴム系防水材を塗布して張り重ねる。

vi．補強布相互の重ね幅は，50mm程度とする。

vii．補強布の上へのウレタンゴム系防水材の塗付けは，所定の塗布量をむらなく塗り付ける。

viii．ルーフドレン回りでは，ルーフドレンの落ち口にウレタンゴム系防水材が流れこまないように養生をしておく。

ix．常に天候に注意して，降雨などの心配がないことを確認する。

(6)　平場の１層目のウレタンゴム系防水材塗り

　先に張り付けた補強布がしっかりと接着していることを確認した後，図7.1.17に示すように，一般用のウレタンゴム系防水材を金ごてなどを用いて所定量をむらなく塗り付ける。

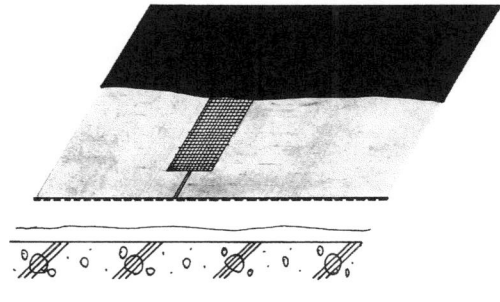

図7.1.17　平場のウレタンゴム系防水材塗りの例

(7)　立上り及び平場の２層目のウレタンゴム系防水材塗り

①　立上り

　先に塗り付けた立上りのウレタンゴム系防水材が硬化していることを確認した後，立上りに立上り用のウレタンゴム系防水材をゴムベラなどを用いて所定量をむらなく塗り付ける。

②　平場及びルーフドレン回り，貫通配管回り

　先に塗り付けた立上りのウレタンゴム系防水材が硬化していることを確認した後，一般用のウレタンゴム系防水材を金ごてなどを用いて所定量をむらなく塗り付ける。

　ルーフドレン回りや貫通配管回りは，毛ばけなどを用いてむらなく塗り付ける。

　ウレタンゴム系防水材塗りでは，次の事項に注意する。

　i．混合・かくはんしたウレタンゴム系防水材の可使時間を確認する。

　ii．１層目の塗付けでは，補強布を張り付けたウレタンゴム系防水材が硬化していること及び表面に不純物が付着していないことを確認する。

　iii．２層目の塗付けでは，１層目に塗り付けたウレタンゴム系防水材が硬化していること及

び表面に不純物が付着していないことを確認する。

iv．ウレタンゴム系防水材の塗付け量が所定量になっていることを確認しながらむらなく塗り付ける。

v．所定量（膜厚）を守るため，1セット当たりの塗布面積を確認する。

vi．ウレタンゴム系防水材の塗継ぎは，100mm程度塗り重ねて，1層目と2層目の塗継ぎ位置が重ならないようにする。

vii．1層目の塗付け及び2層目の塗付けの間に，日数が開いた場合は，防水材料製造所の指定する，塗重ね用のプライマーなどを塗布する必要がある。

viii．常に天候に注意して，降雨などの心配がないことを確認する。

MEMO

> 屋上防水におけるウレタンゴム系防水材の塗重ね時間の限界は材料により異なるので，防水材料製造所に確認する。一般的な例を以下に示す。
> 春秋期の施工では，10時間以上3日以内
> 夏季の施工では，5時間以上3日以内
> 冬季の施工では，15時間以上3日以内

4）脱気装置の取付け

脱気装置は，一般に，絶縁工法において，防水層と下地の間の湿気を排出させる目的で取り付ける。取付け個数・位置などは，脱気装置の種類によって異なるため材料製造所又は販売業者の指定によるが，一般に25〜100m²程度に1箇所の割合で，水上に取り付ける場合が多い。

5）仕上げ塗料塗り

仕上げ塗料は，完成した防水層に不具合箇所がないことを確認した後，ウールローラー，スモールローラーなどを適宜に用いて，所定量をむらなく塗布（2回塗り）する。

仕上げ塗料塗りでは，次の事項に注意する。

i．仕上げ塗料は，塗り付けたウレタンゴム系防水材が硬化していることを確認した後，塗布する。

ii．仕上げ塗料は，塗布する前に十分にかくはんし，沈降している顔料やケイ砂などの成分をよく混合する。

塗布量は，防水材料製造所の指定する量とする。

iii．塗布回数などは，仕上げ塗料の種類及び色調などによって異なるが，一般に2回塗りが標準である。

iv．塗りむらができないように塗布する。

f．防水層の養生

1）作業前・作業中の養生

防水層の施工前には，安全及び品質を確保する意味で関係者以外の通行・作業及び立ち入りを

禁止する。やむを得ず通行する等の場合は，通路ならびに必要と判断される部分に養生用シートを敷き，その上にゴムマット，シート，合板などを敷き並べて養生する。また，防水材の混合かくはんを行う場所についても，施工範囲内・施工範囲外・施工前・施工後にかかわらず，養生シートや養生テープを用いて養生を行うものとし，段ボール・新聞紙・包装紙など紙類は防水材が透過するため使用しない。特にルーフドレン回り，パラペット天端やひさし端部などでは，防水材が養生を乗り越えて流れ出さないような養生を行う必要がある。

２）　防水層施工後の養生

　防水層の施工完了後は，防水層の上に，重量物や突起物など防水層を損傷するおそれのあるものは持ち込まないように注意する。やむを得ない場合は，防水層の上に，養生用シートを敷き，その上にゴムマットや合板などを敷き並べて養生する。また，後工程の業者には，防水層を損傷させないよう要請する。

MEMO

> 養生テープ
> 　ウレタン防水工事に使用する養生テープには，以下の性能が求められる。
> 　ⅰ．下地にしっかりと接着する（接着性）
> 　ⅱ．使用する防水材料が浸透しない（耐水性）
> 　ⅲ．施工中の強度が保たれる（耐久性）
> 　ⅳ．撤去する時に粘着層を含めてきれいに剥がれる（剥離性）
> 　このため，布粘着テープ（通称：ガムテープ）やポリエチレン製クロステープ（通称：パイオランテープ）が適している。
> 　紙製クラフトテープでは耐久性や剥離性が劣り，マスキングテープでは接着性・耐久性・剥離性が劣り適さない。

g．防水層の不具合とその補修

１）　防水層の損傷

　ウレタンゴム系防水層に発生する損傷の原因には，想定外の使用，重量物の設置や擦れ，履物やゴルフスイング，タバコの投げ捨てなどの人為的なもの，鳥害，強風時の飛来物などがある。

　防水層の損傷の補修方法は，防水層の損傷部の外周から100mm程度の範囲の汚れを取り除き，専用のプライマーを塗布した後，ゴムベラなどを用いて図7.1.18に示すように，ウレタンゴム系防水材を塗り付けて補強布を張り付け，目つぶし塗りをする。次に，目つぶし塗りしたウレタンゴム系防水材が硬化したのを確認して，立上り用あるいは共用のウレタンゴム系防水材を2層塗り重ねて仕上げる。塗重ねでは，下層のウレタンゴム系防水材が硬化していることを確認することが重要である。

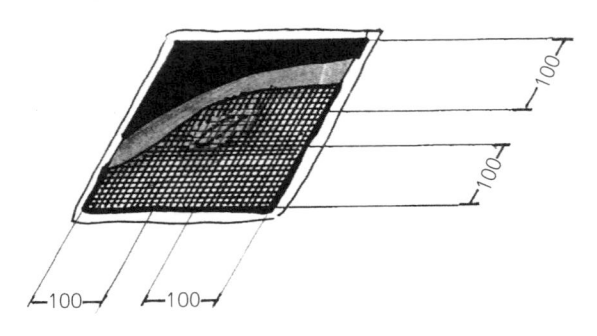

図7.1.18 損傷部の補修の例

2） 防水層の浮き・ふくれ・剥離・層間剥離

　ウレタンゴム系防水層に発生した浮き・ふくれの原因には，下地の湿気，プライマーの不備，油脂・汚れの除去不十分，すり込み不足，プライマー塗布後の時間の空けすぎ，通気緩衝シートの転圧不足などがある。

　また，層間剥離の原因には，下側の塗膜層表面の濡れや湿気，層間プライマーの不備，油脂・汚れの除去不十分，すり込み不足，施工間隔の不適切などがある。

　密着工法の防水層の浮き・ふくれ・剥離・層間剥離の補修方法は，浮き及びふくれが生じている部分の防水層をカッターなどで撤去し，下地を十分に乾燥させ，既存防水層の接合表面の汚れを取り除いた後，防水材料製造所が指定するプライマーを塗布した後，図7.1.19に示すように，ウレタンゴム系防水材を塗り付けて補強布を張り付け，一般用又は共用のウレタンゴム系防水材を所定の厚さに塗り付けて仕上げる。

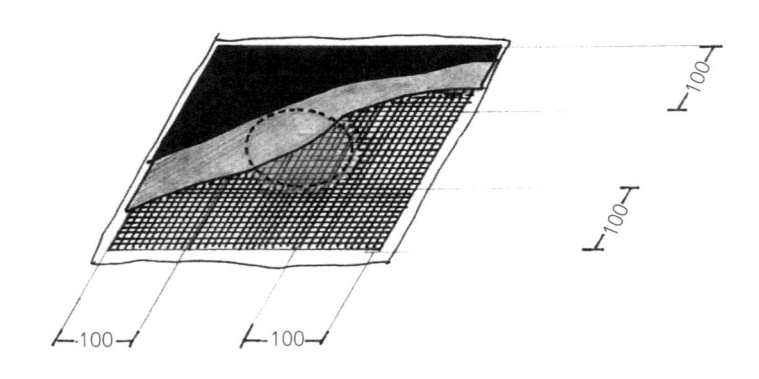

図7.1.19 ウレタンゴム系防水材塗りと補強布張付けの例

　絶縁工法の防水層の浮き・ふくれ・剥離・層間剥離の補修方法は，浮き及びふくれが生じている部分の防水層（通気緩衝シートとも）をカッターなどで撤去し，下地を十分に乾燥させ，既存防水層の接合表面の汚れを取り除いた後，不織布タイプの通気緩衝シートの場合は下地面に接着剤を塗布し，オープンタイムを確認して，通気緩衝シートを裁断して張り付け，ハンドローラーで転圧して接着させる。

　自着タイプの通気緩衝シートの場合は，下地面にプライマーを塗布してオープンタイムを確認して，通気緩衝シートを裁断して張り付け，ハンドローラーで転圧して接着させる。

　次に，図7.1.20に示すように防水材料製造所が指定するプライマーを既存防水層の表面に塗布して乾燥させ，ウレタンゴム系防水材を塗り付けて補強布を張り付け，一般用又は共用のウレタンゴム系防水材を所定の厚さに塗り付けて仕上げる。

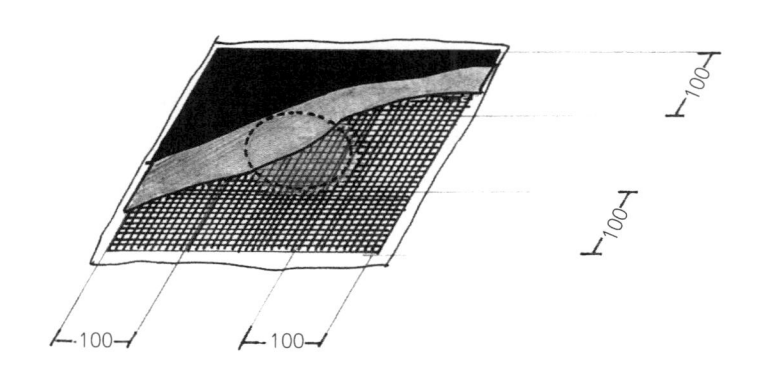

図7.1.20　ウレタンゴム系防水材塗りと補強布張付けの例

3）　防水層のピンホール

　ウレタンゴム系防水層に発生したピンホールの原因には，不適切なプライマー使用量，かくはん時の空気の抱き込み，こて均し不十分，砂の抱き込み，補強布まわりの気泡などがある。

　防水層のピンホールの補修方法は，ピンホール部分の汚れを取り除いた後，防水材料製造所が指定するプライマーを既存防水層の表面に塗布して乾燥させ，立上り用のウレタンゴム系防水材又は共用のウレタンゴム系防水材に“だれ止め”を添加したもの，あるいはシール材をピンホール部分に充填した後，充填材料が硬化したのを確認して，一般用又は共用のウレタンゴム系防水材を所定の厚さに塗り付けて仕上げる。

4）　防水層表面のクレーターとあばた

　ウレタンゴム系防水層表面に発生したクレーターとあばたの原因には，硬化前の降雨がある。雨量が多いとクレーター状態になり凹部の縁りが盛り上がり、雨量が少ないとあばた状態になる。さらに，あばたの発生原因としては，結露などがある。

　防水層表面のクレーターとあばたの補修方法は，発生している部分を清掃し乾燥させ，立上り用のウレタンゴム系防水材，又は一般用や共用のウレタンゴム系防水材に“だれ止め”を添加したものを塗り付けて平坦にした後，硬化を確認して，一般用や共用ウレタンゴム系防水材を所定の厚さに塗り付けて仕上げる。

5）　塗り付けたウレタンゴム系防水材の硬化不良

　ウレタンゴム系防水層に発生した硬化不良の原因には，調合・かくはんの不備，硬化剤の入れ忘れ，不適切なシンナーの使用，気温や降雨・降雪，1回あたりの塗布量過多（2 kg/m²以下が

標準塗布量），塗り溜まりなどがある。この他，湿気硬化型の1成分形では低湿度がある。

防水層の硬化不良の補修方法は，硬化不良部分をケレン棒などできれいに撤去した後，溶剤などで清掃し，「h，2）防水層の浮き・ふくれ・剥離・層間剥離」の項に準じて行う。

6） 塗り付けたウレタンゴム系防水材の変色（黄変やチョーキング）

ウレタンゴム系防水層に発生した変色には，黄変やチョーキング，さびや汚れの付着などがある。黄変の原因には，日光の直射による熱や紫外線，薬品の影響などがある。このため，ウレタンゴム系防水層の表面には仕上げ塗料仕上げを行うのが一般的である。チョーキングの原因には，初期に発生するものには仕上げ塗料の塗り忘れや塗布量不足，調合・かくはんの不備，中長期のものには仕上げ塗料及び防水材本体の経年劣化や調合の不備などがある。

防水層の変色の補修方法は，黄変やチョーキングが発生している部分をほうきや掃除機で清掃した後，防水材料製造所が指定するプライマーを既存防水層の表面に塗布して乾燥させ，ウレタンゴム系防水材を塗り付けた後，硬化したことを確認して，仕上げ塗料を塗り付けて仕上げる。

MEMO

> 黄変（おうへん）
>   ウレタンゴム系防水材などが日光に当たったり薬品の影響を受けたりして，黄色味を帯びる現象。
> チョーキング
>   仕上げ塗料やむき出しの防水材を屋外に暴露したときに，顔料が塗膜から分離して，手でこすると粒子が指先につく現象。

5.5.2 吹付け工法（超速硬化ウレタンゴム系防水材吹付け工法）

超速硬化ウレタンゴム系防水材吹付けでは，専用の吹付け機械を使用する。

(1) 専用吹付け機械

一般的な専用吹付け機械は，以下に示すようなシステムになっている。

① 主剤及び硬化剤の材料缶自体の液循環を行い，防水材料製造所が指定する温度（50〜80℃）に加温して材料を低粘度化する。

② 低粘度化した材料を，ポンプで材料缶から主剤と硬化剤を別々に高圧定量圧送機（専用の吹付け機械の本体）に送る。

③ 高圧定量圧送機は，さらに主剤及び硬化剤を別々のホース（ヒーター付）で，吹付けガンに送る。

④ 吹付けガンの混合室（チャンバー）で，主剤と硬化剤を衝突・混合して吹き付ける。

吹付けガンのノズルは，施工部位や面積などによって使い分けるが，選定にあたっては，防水材料製造所又は専用吹付け機械のメーカーと協議する。

MEMO

> 　吹付けガンの混合室（チャンバー）の中で，主剤と硬化剤を低粘度のまま衝突・混合させないと混合不良となり品質性能が確保できないので，ホース自体を加温している。
> 　一般的な専用吹付け機械は，200Vの電源でコンプレッサーの駆動及び材料の圧送ホースの加温などを行う。したがって，必要な電気容量が安定して使用できない現場の場合には，発電機を用意する必要がある。

一般的な専用吹付け機械の概念図を示す。

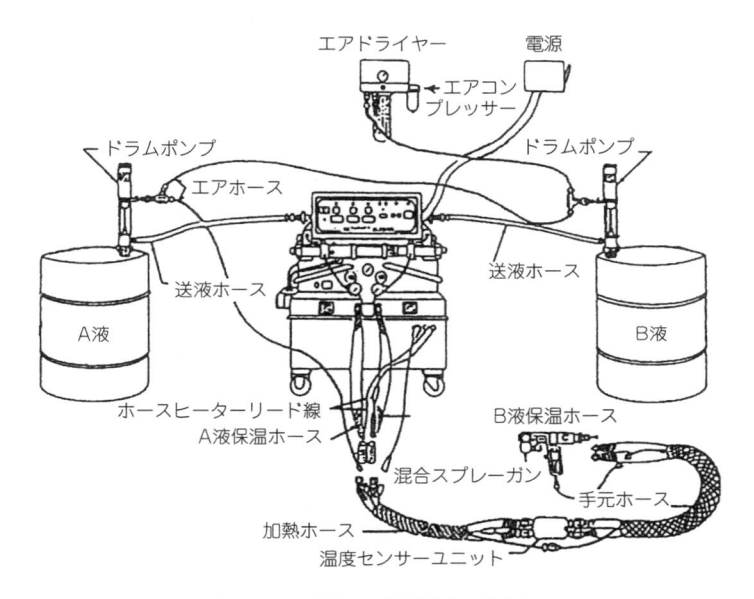

図7.2.1　専用吹付け機械の概念図

e. 施　　工

1) 施工の段取り

(1) 安全関係の確認

　現場の安全規則及び就労規則などを確認すると同時に，現場の環境及び状況を把握する（安全通路・保安関係などを含む）。

(2) 仮設関係の確認

　材料などの揚重設備と周辺の状況を把握する。

(3) 周辺作業の確認

　作業場所の周辺作業及び上下作業などの有無のほか，前工程・後工程などの作業内容を確認する。

(4) 材料の保管

　現場への材料の搬入は，事前に建設業者の現場の係員と搬入日・搬入方法・揚重方法・保管場所などについて綿密な打ち合わせを行う。

現場に搬入された材料は，その種類・規格などが仕様書に指定されている材料と相違ないことを確認する。

　消防法の危険物に該当するものは，保管数量に規制があるので，材料の種類ごとに数量などを確認する必要がある。

　材料の保管では，次の事項に注意する。

　i ．保管場所は，直射日光や降雨雪などがかからない屋内を選定するのが望ましい。屋外に保管する場合は，作業通路から離れた場所・火気を使用しない場所で危険物の保管に適切な場所を選定し，地面やスラブの上に直接置くことは避け，パネル材などの平らなものを敷いた上に置き，養生シートを掛け，さらに風で飛ばされないようにロープあるいはネットなどを掛けて押えておく。

　ii ．スラブ面に多量に保管する場合は，スラブに損傷を与えないよう梁上に分散させて置く。

　iii ．容器類（プライマー，塗料などのガロン缶）は，ドラム缶は縦に平置きし，18L缶，ペール缶は縦積み2段，9L缶などの小缶は縦積み3段までとし，荷崩れしないように重ねる。容器類（ドラム缶を含む）は天板に水が溜まらないような保管方法とする。

　　これらの材料は可燃性溶剤を含んでいるものが多いため，引火や爆発などの危険がないように火気及び気温などに十分注意して保管する。

(5) 照　　　明

　夜間工事あるいは屋内などにおける施工では，手元が判別しにくくなるため，手元が明るく，しかも影ができないように四方からの照明が必要である。

(6) 下地の清掃及び処理

　下地の清掃及び処理は，防水工事の品質を大きく左右する重要な作業であるので十分に注意する。

　下地の清掃及び処理では，次の事項に注意する。

　i ．モルタルの“こぼれ”などは，ケレン棒で削り取る。

　ii ．コンクリートの突起や番線・鉄筋などは，撤去して下地を平坦に補修する。

　iii ．レイタンス及び豆板がある場合は，撤去して下地を平坦にポリマーセメント等で補修する。

　iv ．ピンホールがある場合は，ポリマーセメントモルタル等で平坦に補修する。

　v ．清掃は，パラペットの天端から行う（ごみを外側に落とさないよう注意する）。

　vi ．ルーフドレンや入隅部などは，毛ばけを用いて清掃する。

　vii．掃き掃除は，風上から風下に向かって行う。

　viii．“ほうき”で，掃ききれない微細な埃（ほこり）などは，掃除機などを用いて清掃する。

MEMO

> 錆止め塗装してある金属下地では，プライマーの溶剤によっては塗装材の劣化・剥離などが生じる可能性があることから，原則として塗装材は撤去する。

MEMO

> 建築工事監理指針（令和4年版　公共建築協会）では，ルーフドレンは，公共建築工事標準仕様書（令和4年版　公共建築協会）表13.5.1によるものとされている。

2） プライマー塗り

　プライマーは，「e，1），(6)下地の清掃及び処理」に示す各事項の内容をチェック確認した後，ウールローラー，スモールローラー及び毛ばけなどを用いて，超速硬化ウレタンの吹付け作業を行う範囲に所定量をむらなく塗布する。

　屋内等換気の悪い場所での作業で，有機溶剤を含むプライマーを使用する場合は有機溶剤作業主任者を選任する必要がある。

MEMO

> 労働安全衛生法施行令（昭和47年8月19日政令第318号）
> （作業主任者を選任すべき作業）
> 第6条　法第14条の政令で定める作業は，次のとおりとする。
> 二十二　屋内作業場又はタンク，船倉若しくは坑の内部その他の厚生労働省令で定める場所において別表第6の2に掲げる有機溶剤（当該有機溶剤と当該有機溶剤以外の物との混合物で，当該有機溶剤を当該混合物の重量の5％を超えて含有するものを含む。第21条第10号及び第22条第1項第6号において同じ。）を製造し，又は取り扱う業務で，厚生労働省令で定めるものに係る作業

　プライマー塗りでは，次の事項に注意する。

i．缶に記載のある場合は，塗布する前に，プライマーの缶をよく振って，沈降している成分をかくはんする。

ii．塗布面にプライマーの溜りができないように，防水施工範囲にむらなく塗布する。吸い込みの多い下地には，再度プライマーを塗布する。

iii．プライマー塗りは，その日のうちに，超速硬化ウレタン吹付けする範囲とする。塗布した部分が翌日の施工になった場合は，防水材料製造所の指定する方法とする。

iv．プライマーを塗布する用具は，その部位に適したものを選定する。

v．立上り面に塗布した後，平場に塗布する。立上り面に塗布したプライマーが流れ落ち，溜りができやすくなるため，流れ落ちたプライマーは，平場に塗り広げておく。

vi．降雨・降雪が予想される場合は，プライマー塗りは行わない。塗布したプライマーが乾燥する前に雨に降られた場合は，よく乾燥させた後，塗り直す必要がある。

vii. 換気の悪い場所で，プライマーを塗布する場合は，「有機溶剤作業主任者」の立会いが必要となる。

viii. PCa（プレキャスト鉄筋コンクリート）部材やALCパネルなどの場合は，継手目地部分からプライマーがこぼれ落ちないように注意する。

MEMO

> 有機溶剤タイプのプライマーが乾燥する際に発生する蒸気は，比重が重く足元から屋内上部へと充満していくため，気がつかないうちに有機溶剤中毒を起こす場合があるとともに，仮設電灯のスパークや工具類などの火花などで引火し重大事故を起こす場合がある。このようなことから，屋内など閉所空間では有機溶剤タイプのプライマーの使用は避け，エマルションタイプを使用するほうがよい。

3) 超速硬化ウレタンゴム系防水材吹付け

吹付け作業の前に，吹付けガンの先端から下地面までの距離を確保する事が出来なかったり，吹付け角度（直角）が取れない等で吹付けが出来ない部位については，あらかじめ手塗りウレタン防水材を塗布して，十分に硬化していることを確認してから吹付け作業に入ること。

(1) 専用吹付け機械の段取り

① 吹付け機械（作業車）の設置場所及び材料の置き場を決定し，ホースの配置方法を決める。

② 「吹付け機械の操作マニュアル」に従って，始業点検を行う。

③ 硬化剤に防水材料製造所の指定する量のトナーを添加し，均一にかくはんする。

④ 専用吹付け機械本体と材料缶の間で主剤及び硬化剤を各々循環し，防水材料製造所の指定する液温になるように加温する。

⑤ 試し吹きを行い，正常な硬化状態を確認する。

(2) 超速硬化ウレタンゴム系防水材吹付け

① 立上り

1回目の吹付けは，吹付けガンの先端から下地面までの距離（一般に600〜800mm程度）及び角度（直角）を保ちながら所定量を吹き付ける。

2回目の吹付けは，1回目の吹付けに直交する方向に吹き付ける。

吹付け方法は，防水材料製造所によって異なるため，確認する必要がある。

② 平場

1回目の吹付けは，写真7.2.1に示すように吹付けガンの先端から下地面までの距離（一般に600〜800mm程度）及び角度（直角）を保ちながら所定量を吹き付ける。

2回目の吹付けは，1回目の吹付けに直交する方向に吹き付ける。

吹付け方法は，防水材料製造所によって異なるため，確認する必要がある。

写真7.2.1　平場への吹付けの例

超速硬化ウレタンゴム系防水材吹付けでは，次の事項に注意する。

i．吹付けガンは，常に下地との間に所定の距離を保って吹き付ける。

ii．吹付けガンは，常に下地に対して直角を保って吹き付ける。

iii．吹付け場所には，試し吹きができるように空き缶を用意しておく。

iv．吹付けを行う直前に空き缶などに捨て吹きを行い，吹付けパターンが正常な大きさになるまでホース内の冷えた材料を捨てる。

v．吹付けガンの水平移動は，1m程度とし，一定の速度を保って吹き付け，往復させる時の吹き重ね幅は，半分以上とする。

vi．2回目の吹付けは，1回目の吹付けと直交させる。

vii．先に吹き付けた，超速硬化ウレタンゴム系防水材に吹継ぎ又は吹重ねをする場合，経過時間が長い場合及び降雨などに遭遇した場合は，層間プライマー塗りなどの表面処理が必要となる場合がある（防水材料製造所に確認する）。

viii．吹付けでは，必ずその専用吹付け機械に関する知識を十分に有する者が立ち会い，正常な吐出圧力・吐出量・温度などの作動状態を確認する。

MEMO

> 　超速硬化ウレタンゴム系防水材は，吹付け後，瞬時にして硬化するため，吹き継ぐときに，先に吹き付けた超速硬化ウレタンゴム系防水層の表面にミスト（粒子）が付着し，仕上がりが不ぞろいになることから，表面をエンボス仕上げにするのが一般的である。
> 　エンボス仕上げは，吹付けガンのノズルを水平よりやや上向きにして，小刻みに震わせながら吹き付ける。

4）　仕上げ塗料塗り

超速硬化ウレタンゴム系防水材吹付けでは，仕上げ塗料塗りが一般的である。

仕上げ塗料塗りでは，次の事項に注意する。

i．吹き付けた超速硬化ウレタンゴム系防水材が十分に硬化していることを確認する。

ⅱ．２成分形の仕上げ塗料は，指定された配合で混合し十分にかくはんする。

ⅲ．２回塗りして所定量をむらなく塗布する。

ⅳ．２回に分けて塗布する場合は，最初に塗布した塗料が十分に乾燥した後，２回目を塗布する。

ⅴ．強風の場合は，作業を中止する。

ⅵ．仕上げ塗料を吹付ける場合は周辺の養生を十分に行う。

ⅶ．粗面仕上げをする場合は，防水材料製造所の指定する方法とする。

f．防水層の養生

防水層の養生については，「5.5.1,f.　防水層の養生」の項参照。

吹付け工法では，ミスト状になった防水材が飛散するおそれがあるので養生には注意が必要である。

g．防水層の不具合とその補修

防水層の不具合とその補修については，「5.5.1,g.　防水層の不具合とその補修」の項参照。

吹付け工法固有の原因による不具合としては，

ⅰ　混合不良，配合比のズレ，吐出圧力バランスのズレ，加温不足による硬化不良や吹付け後の表面のベタ付き

ⅱ　不適切なチャンバー選定による硬化不良（吐出圧力，ミストパターン不良）

ⅲ　一度に厚付けすることによる内部発泡

などがある。

また，軽微な不具合においては，吹付け工法以外の防水材料製造所の指定する方法で補修することができる。

第6章

施工用工具・機械及び保護具類

第6章 施工用工具・機械及び保護具類

　バリエーションに富んだ現場対応を発揮することがウレタン塗膜防水の持つ特長のひとつである。確実な施工を行うためには，適正な工具・機械及び保護具類を使用し，常に管理点検を行って作業に支障をきたさないようにすることが重要である。

6.1　施工用工具・機械

　ウレタン防水を施工する際，一般に用いられる工具・機械を次表に示す。

6.1.1　施工用工具・機械の用途とポイント

工具・機械の名称	用　途	備考・ポイント
金ゴテ	ウレタン防水材，下地処理材の塗布	ウレタン防水材の他，コンクリートやモルタル等を塗り付けて，仕上げるのに用いる 用途により，色々な形状がある
櫛目ベラ	接着剤・ウレタン防水材の塗布	接着剤やウレタン防水材を塗布する工具
スクイジー・柄付スクイジー	ウレタン防水材の塗布	ウレタン防水材を塗布する工具で，櫛目の歯を変えて塗布量（厚さ）を調整できる利点がある

工具・機械の名称	用　途	備考・ポイント
ゴムベラ	ウレタン防水材の塗布	ウレタン防水材を立上りや小面積部の施工時に使用する工具 材料をポリバケツ等にきれいに掻き出す際にも使用する
仕上用ヘラ・スポンジヘラ	立上り用ウレタン防水材の塗布	ウレタン防水材を立上り部の施工時に使用する工具 施工箇所の形状に合わせてヘラをカットして使用する事もできる
ポリバケツ	撹拌容器	2成分形の材料を混合する容器 容器は凹凸のない円形の物を使用し，使用後はウレタン用洗浄溶剤できれいに拭き取る 再使用する際は付着物がないことを確認する
台ばかり	計量	2成分形は，主剤と硬化剤を正確に計量して混合撹拌する 特に小分けする場合は，台ばかりを用いて正確な分量を取り分け使用する 目分量での計量は，硬化不良の原因となる
電動撹拌機（低回転型）	ウレタン防水材・保護仕上塗料・下地処理材等の撹拌	低回転型（300〜600回転/分）の3枚羽根タイプを使用することが望ましい 過剰な空気の巻き込みはピンホール等の原因となる
V型開缶用具・皮スキ	開缶	石油缶の開缶に使用する 皮スキは防水下地のケレン処理にも使用する

工具・機械の名称	用 途	備考・ポイント
ウールローラー	プライマー・接着剤 保護仕上塗料の塗布	プライマーや保護仕上塗料を塗布する工具 短毛から長毛まで各種種類があるので, 使用する材料に合わせて選別する
転圧ローラー	通気緩衝シート及び テープ類の転圧	通気緩衝シートを下地に張り付ける際に接着力を高める為に圧着するローラー 小型のものから大型のものまであり, ゴム製または金属製がある
チョークリール・スケール・巻尺	割り付け・墨出し	現場で材料割り付けの寸法測定や墨出しをする工具 色々な種類のものがあるので, 使用し易い製品を選別する
はさみ・カッターナイフ	通気緩衝シート・ 補強布の裁断	通気緩衝用シートや補強布, テープ類を裁断する工具 裁断時は防水層を傷付けないように十分注意する

工具・機械の名称	用　途	備考・ポイント
シーリングガン 　1成分形用 　2成分形用	シーリング充填	シーリングガンには，1成分形用と2成分形用とがある 　2成分形用のガンの場合は，使用後直ちに分解・洗浄を行う
超速硬化ウレタン吹付け機械 ドラムポンプ　吹付機械　ヒーター　ヒーターホース（約100m） A液（主剤）　B液（硬化剤）　2液衝突混合スプレーガン	超速硬化ウレタン材料の吹付け	主剤と硬化剤の2成分を別々に高圧圧送し，スプレーガンで混合して吹き付ける機械 飛散対策を十分に行う
手塗用2成分形ウレタン圧送混合機械 ドラムポンプ　ドラムポンプ　ミキサー A液（主剤）　B液（硬化剤）　圧送機械	手塗用2成分形ウレタン圧送	2成分形ウレタン塗膜防水材を圧送し混合する機械 人為的な混合不良を防止できる
吹付け機（エアレス塗装機）	保護仕上塗料の吹付け	保護仕上塗料を吹付け施工の場合に用いる機械 吹付け施工の場合には塗膜厚が薄くなりやすいので，塗布量の管理に留意する

6.1.2　各種計測器具の用途とポイント

工具・機械の名称	用　途	備考・ポイント
ウエットゲージ 	作業途中の ウレタン塗膜厚の測定	簡易型の厚さ測定ゲージで、硬化途中の塗膜に押し当て刻まれた溝の深さで判断する 塗膜を傷つけない簡便な測定方法である
水分計 (コンクリート・モルタル用) 	コンクリート・モルタル中の水分測定	防水下地の表面水分を測定する器具 水分計は対象下地により種類が異なる
針入式膜厚計 	ウレタン塗膜厚の測定	ウレタン防水材硬化後に防水層に針を刺して膜厚を測定する器具
超音波式膜厚計 	ウレタン塗膜厚の測定	センサーから発信した超音波が測定物の反対面に反射し戻ってくる時間を基に厚さを算出する膜厚測定器具 センサーを垂直に当てることが重要

工具・機械の名称	用　途	備考・ポイント
渦電流式膜厚計 	ウレタン塗膜厚の測定	センサーから電流を流すことによって素地に生じる電流の大きさで厚さを計測する器具 この電流の大きさはセンサーから素地までの距離に比例する特性を応用して膜厚を測定する
ノギス 	ウレタン塗膜厚の測定	カットしたウレタン塗膜を挟んで厚さを測定する工具
引張試験機 	接着強度や機械的固定工法のアンカー引き抜き強度の測定	接着試験用治具の取付けはエポキシ系接着剤を用いて十分養生させる 引っ張り上げる速度により数値が変わるため, ハンドルを回す速度に留意する

6.2 保護具類の用途とポイント

ウレタン防水を施工する際, 一般に用いられる保護具類を次表に示す。

6.2.1 保護具

工具・機械の名称	用 途	備考・ポイント
作業に適した服装をし、適切な安全衛生保護具、ヘルメット、墜落制止用器具を使用しましょう。 換気の悪い屋内作業、せまい場所での作業及びスプレー作業の場合は必ず防毒マスク（有機ガス用）及び保護メガネ（スペクタクル形など）をつけてください。 ヘルメット 長袖作業衣 墜落制止用器具 保護手袋 有機溶剤が浸み込まない手袋を着用してください。皮膚を出さないようにしてください。 ヘッドライト 地下の作業のときはヘッドライト（防爆型）を使用してください。 安全靴	労働安全衛生法に基づいた身体の保護	危険または傷害から生命, 健康を保護するため着用する用具類 作業の種類に応じて適切なものを選定し, かつ, 使用者は正しい使用法に習熟しなければならない
保護マスク 防塵マスク　　防毒マスク	有害物質・粉塵等の吸入防止	防塵・防毒マスクは法令に従い適正な選択, 着用及び取扱いを行う フィルター等は適正な保守管理を行う
保護メガネ スペクタクル形　フロント形　ゴグル形	液体及び粉塵の飛び, 跳ねからの目の保護	保護メガネのレンズやフレームの傷, 変形, 汚れ等の点検を行う メガネと顔の間に隙間が出来ないように装着する 視力矯正めがねやマスクとの併用は隙間ができないように装着する
不浸透性保護手袋（ゴム手袋）	有害物からの保護	汚れた手袋は早く取り替える 軍手を使用する場合は, ゴム手袋の上に着用する ※防水材料等が皮膚に付着した場合は, 直ちに拭き取り手洗いを行う

工具・機械の名称	用　途	備考・ポイント
墜落制止用器具 胴ベルト型　　フルハーネス型	高所作業時の落下防止	フックは腰より高い位置の堅固な構造物に直接掛けるか，織ロープを利用して回し掛けするランヤードは堅固な構造物に取り付け，鋭い角に触れる危険性がある場所では使用しない
資格・免状 ・ウレタン塗膜防水技能士 ・特定化学物質作業主任者 ・危険物取扱者 ・有機溶剤作業主任者 ・酸素欠乏危険作業主任者 ・玉掛作業者	施工作業に必要な主な資格	防水施工にあたって必要な資格は防水施工技能士，施工管理技士の他に様々な作業主任者が必要な場合があるので現場の要求に従う
安全表示・非常用備品 立入禁止　火気厳禁 法令に基づいた表示をすること	災害予防・初期消火	火気等の管理 ・危険物がある場所における火気等の使用禁止 ・爆発物のある場所で使用する電気機械器具 ・立ち入り禁止等 ・火気使用場所の火災防止 一定規模以上の工事では，管理権原者が防火管理者を選任し，選任された防火管理者が消防計画を作成し管轄消防署に届け出ることが義務付けられている
	作業現場での掲示	労働安全衛生法施行令特定化学物質傷害予防規則の適用対象となる化学物質を含むウレタン防水材を用いた場合の掲示用看板（NUKホームページからダウンロード可能）

第7章

納まり

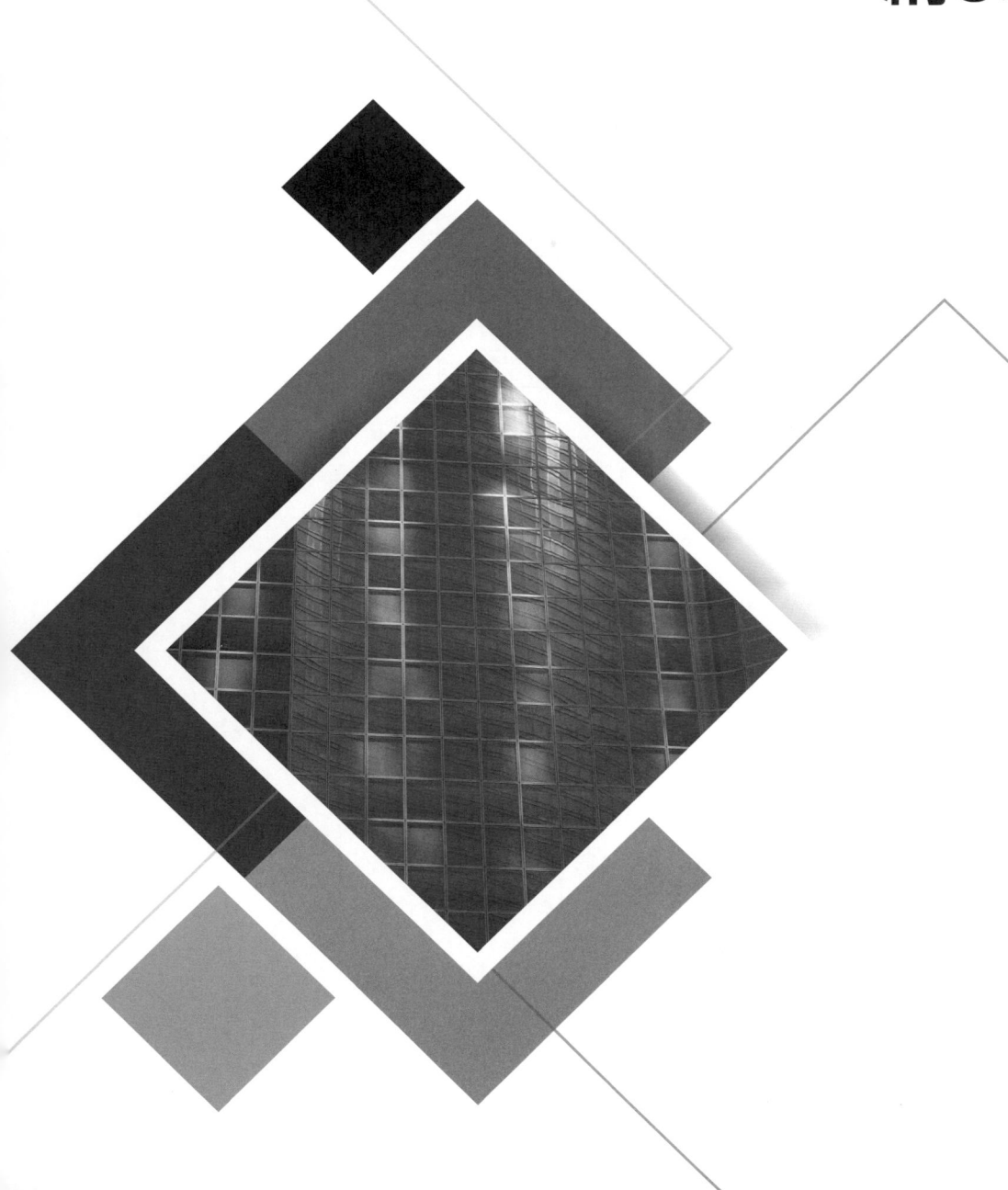

第7章　納まり

　本章では代表的な納まり例を図で示す。

　下記のQRコードから納まり例（PDFデータ）をダウンロードできるので，防水設計にぜひ活用いただきたい。

　なお，図はあくまで構成概念図であり，塗膜厚み等強調して表現しているため，必ずしも正確な縮尺ではない点をお断りしておく。

QRコード

https://www.nuk-pu.jp

■パラペット

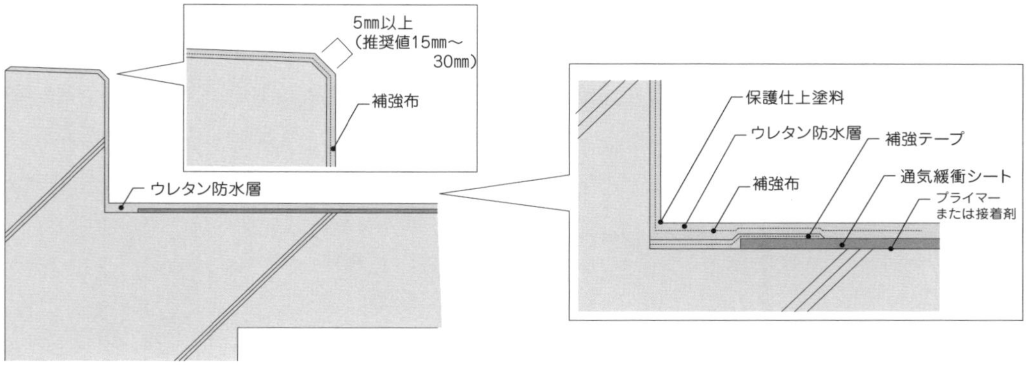

5mm以上
（推奨値15mm～
30mm）

補強布

ウレタン防水層

保護仕上塗料
ウレタン防水層　補強テープ
補強布
通気緩衝シート
プライマー
または接着剤

■パラペット　タイル取り合い

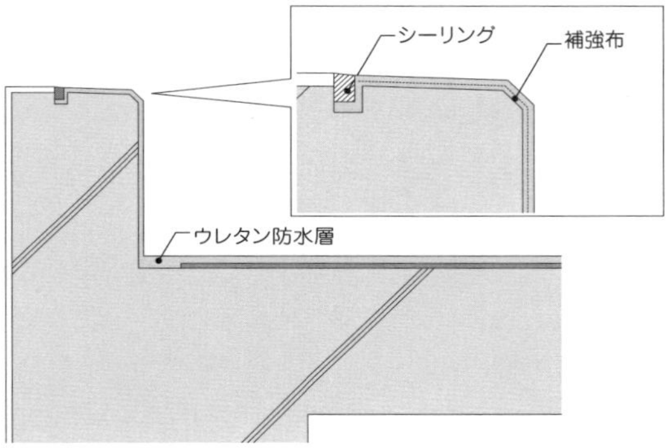

シーリング　補強布

ウレタン防水層

■パラペット 丸環まわり

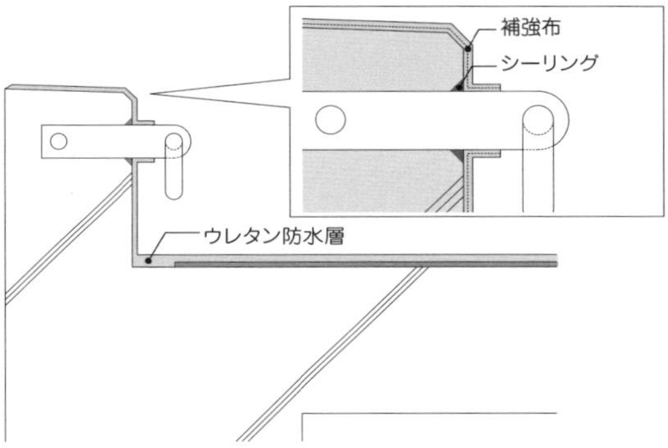

補強布
シーリング

ウレタン防水層

■立上り　目地設置

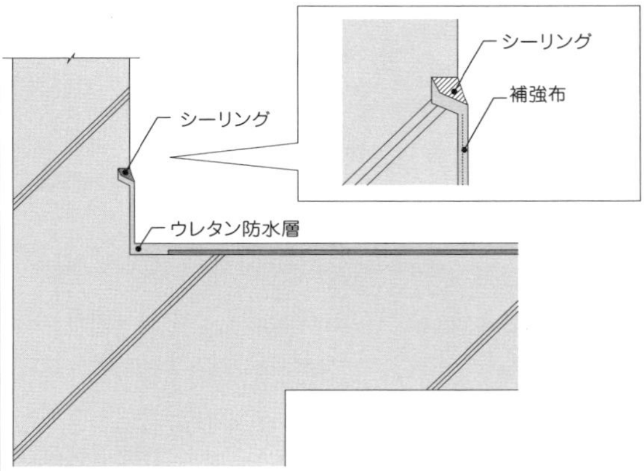

シーリング
補強布

シーリング

ウレタン防水層

■タイル壁取り合い

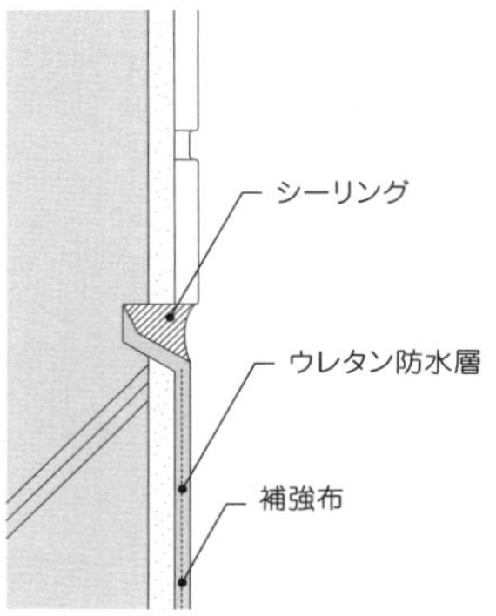

シーリング

ウレタン防水層

補強布

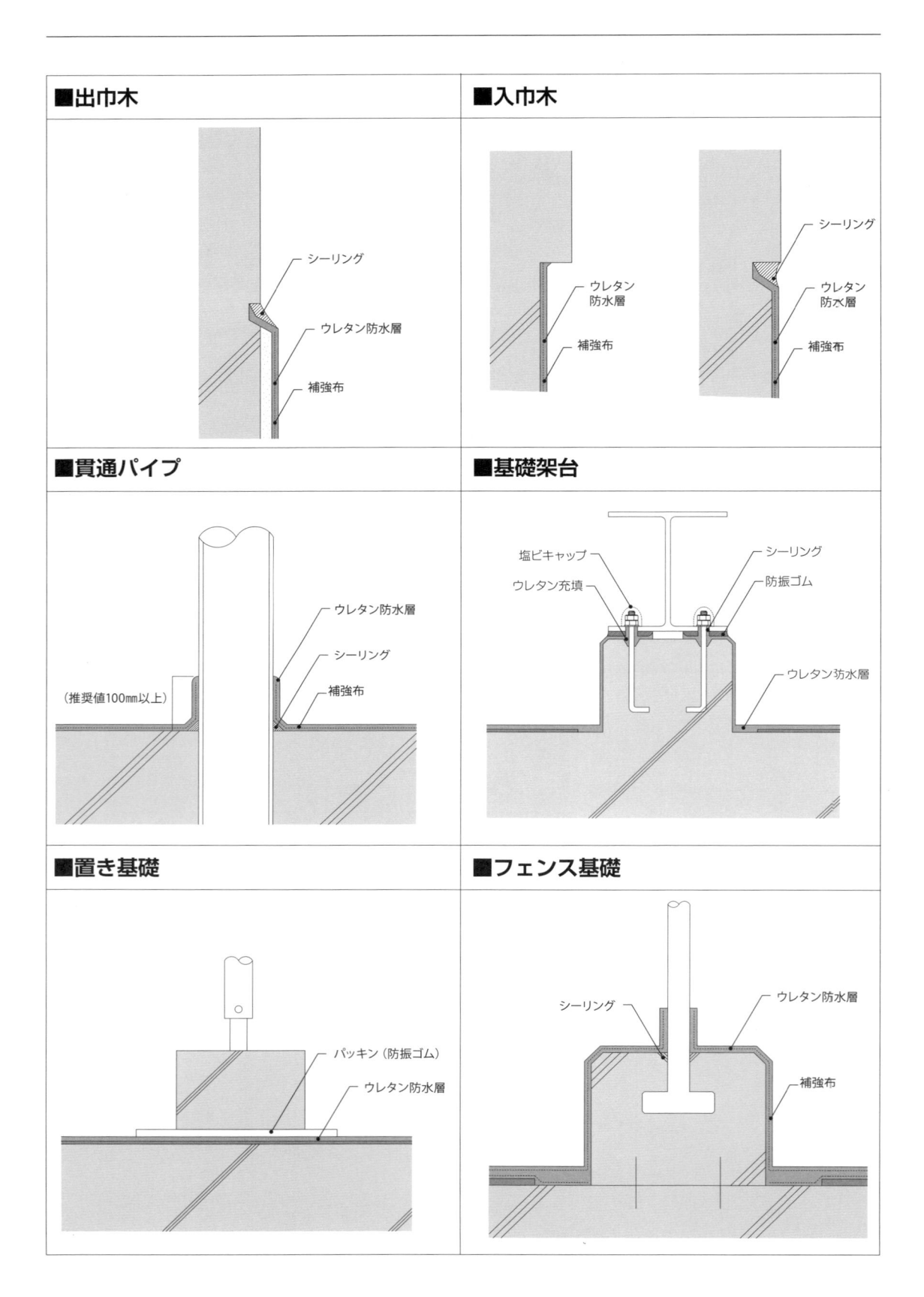

■出巾木

■入巾木

■貫通パイプ

■基礎架台

■置き基礎

■フェンス基礎

■ハト小屋

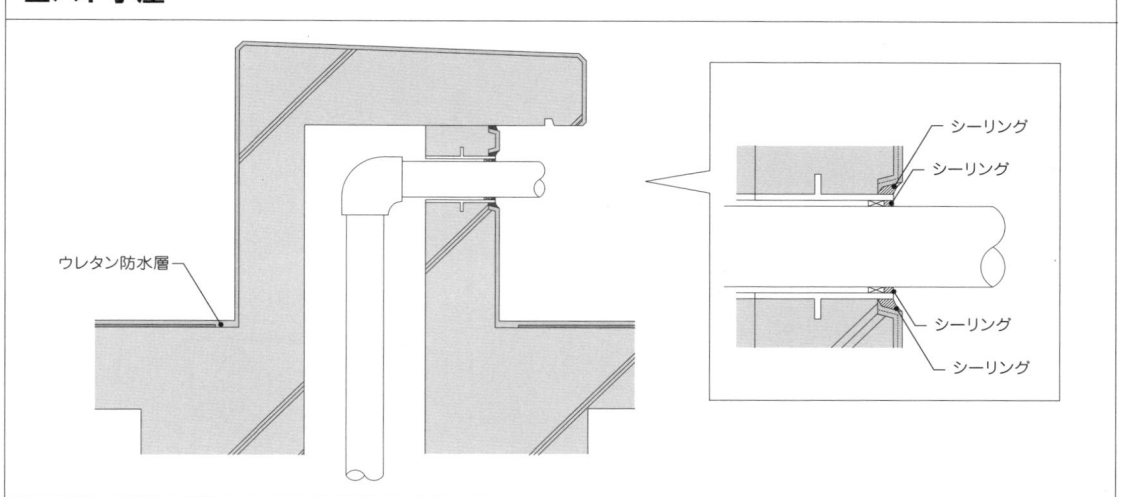

■PCa板取り合い（絶縁工法の場合）

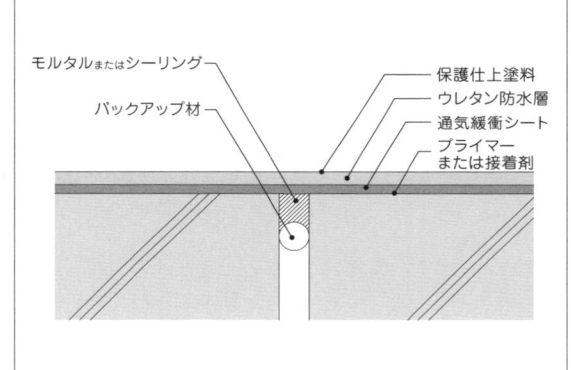

■PCa板取り合い（密着工法の場合）

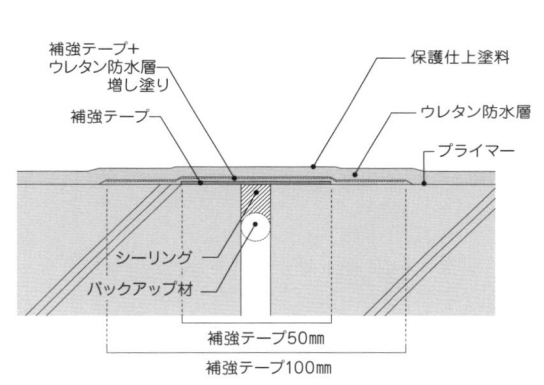

■ALC板取り合い

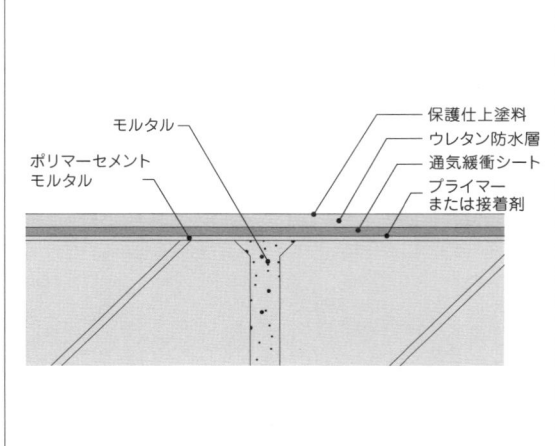

■押えコンクリート伸縮目地部（密着工法の場合）
通気緩衝シートが適用できない場合

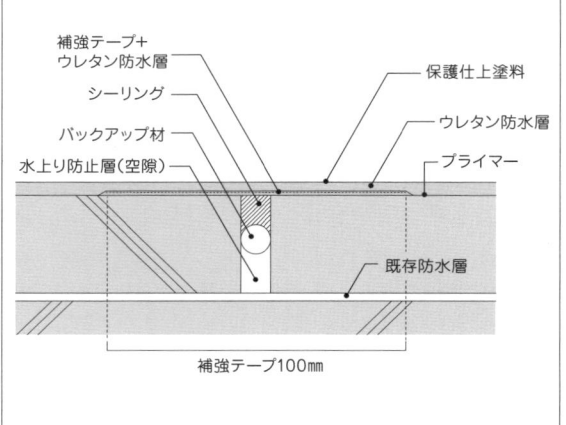

■開口部	■トップライト
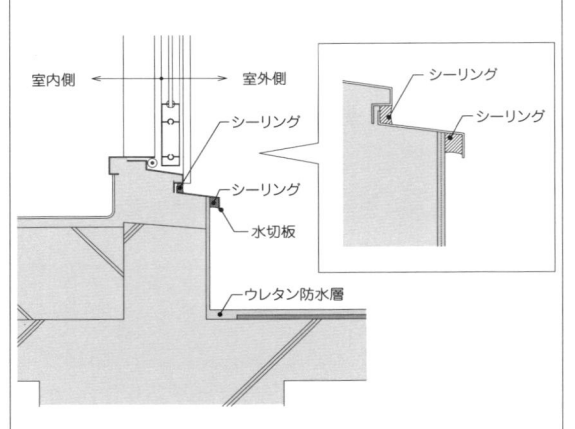	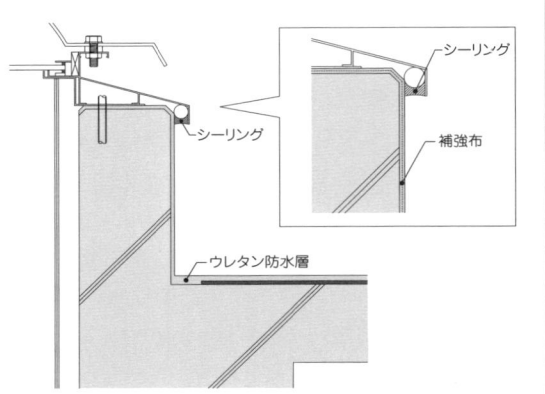

■縦型ドレン	■横型ドレン
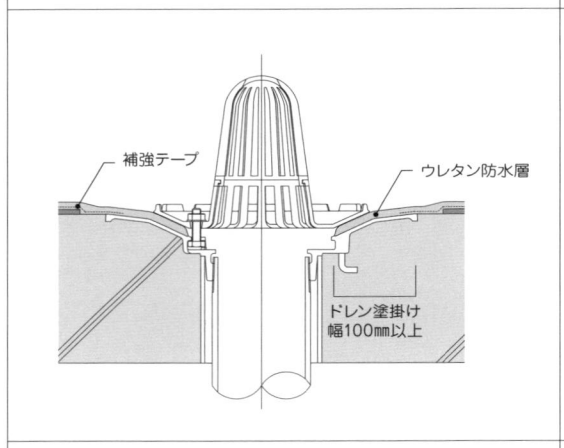	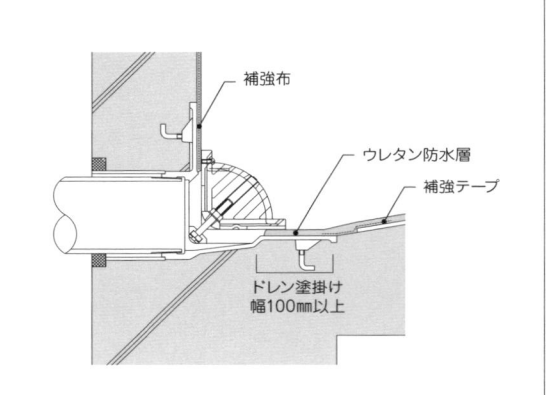

■改修ドレン　タテ型	■改修ドレン　ヨコ型
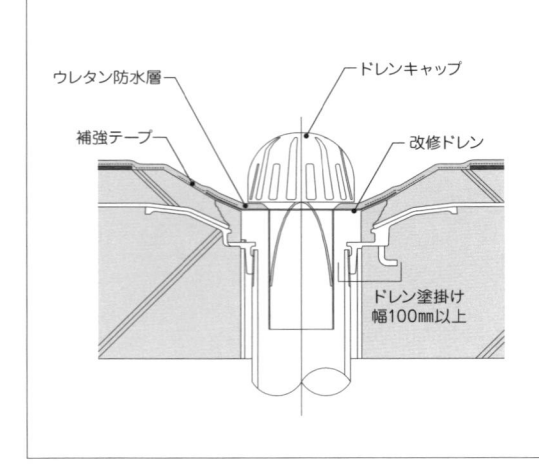	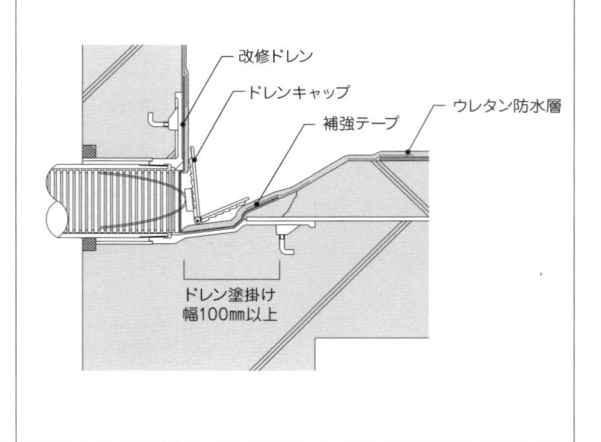

■押えコンクリート伸縮目地部（絶縁工法の場合）

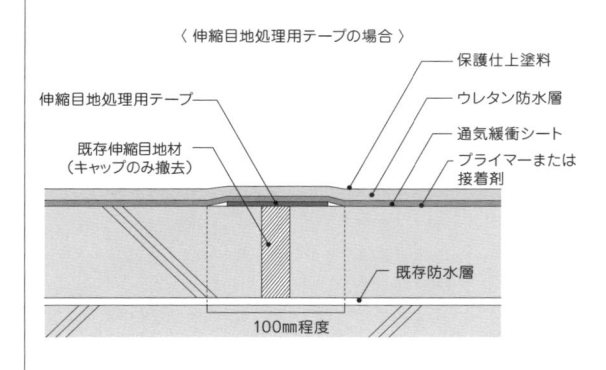

〈 伸縮目地処理用テープの場合 〉

伸縮目地処理用テープ
既存伸縮目地材
（キャップのみ撤去）
100mm程度

保護仕上塗料
ウレタン防水層
通気緩衝シート
プライマーまたは接着剤
既存防水層

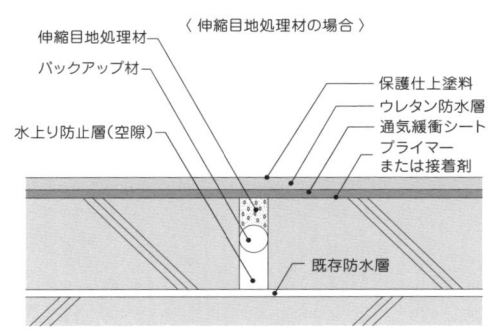

〈 伸縮目地処理材の場合 〉

伸縮目地処理材
バックアップ材
水上り防止層（空隙）

保護仕上塗料
ウレタン防水層
通気緩衝シート
プライマーまたは接着剤
既存防水層

■脱気筒

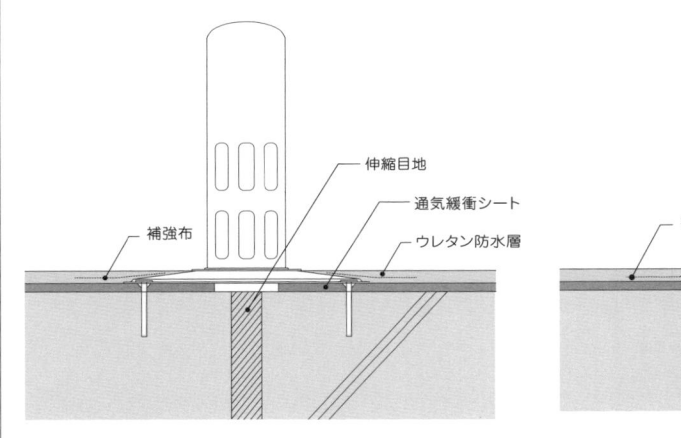

補強布
伸縮目地
通気緩衝シート
ウレタン防水層

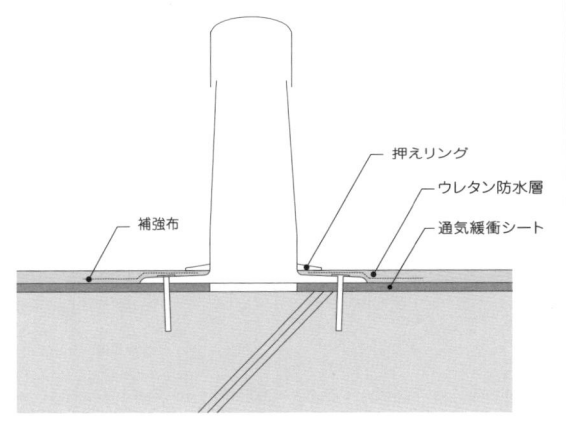

補強布
押えリング
ウレタン防水層
通気緩衝シート

■QRコードから納まり図をダウンロードできます

資料編

NUKの認定制度
（日本ウレタン建材工業会）

　NUKは，環境問題の全地球的・全人類的な重大性に鑑みて，日本建築仕上学会の環境宣言に賛同し，同学会と連携を図ると共に以下のような独自の環境対策基本方針を掲げている。

「環境宣言」運用指針

1．長寿命「耐久性向上」
　⑴建築物の長寿命化に対応できる高物性・高耐久性を有する防水材料及び防水工法の開発と普及推進に努めます。
　⑵建築物の躯体・構造体を保護する役目を担い，建築物の延命化に資するよう努めます。

2．自然共生［環境への配慮］：［環境対応型ウレタン防水システム認定制度］
　環境汚染に配慮した使用材料の無溶剤化を図り，大気中へ放散される有機溶剤の低減に努めます。

3．省資源・環境［廃棄物の低減］
　⑴資源の有効利用及び産業廃棄物の低減を図るため，材料容器の再利用・有効利用を普及推進します。
　⑵既存防水層を再利用・延命を図るべく同質のウレタン防水材を塗り重ね，撤去廃材＝産業廃棄物の削減とライフサイクルコストの低減を推進します。

4．健康・安全
　⑴屋上空間を利用するに際し，目地段差の無いバリアフリー床により安全な屋上空間実現を図ります。
　⑵屋上空間を防水兼スポーツ弾性舗装化により健康増進に役立つように努めます。

5．景観［快適なまちづくり］
　⑴周辺環境と調和するための建物全体の色彩計画と景観設計を支援します。
　⑵快適なまちづくり，快適空間創出のため屋上緑化の普及・推進に努めます。

NUK 認定制度

NUK ではウレタン防水の環境負荷低減を進めるために，Ⅰ～Ⅳの認定制度を設定・運用している。

Ⅰ．環境対応型ウレタン防水材システム認定制度

NUK では「環境対応型ウレタン防水材システム」認定制度を2002年から設定・運用している。

この認定制度は環境改善に寄与するという世の中の動向から考え，認定基準は，「環境基準」，「品質基準」及び「容器」の3本立てとなっている。

1．システムとしての認定

認定制度の対象とするのは，ウレタン防水材のみではなく，プライマー（下地とウレタン防水材の接着用），接着剤（下地と通気緩衝シートとの接着用），保護仕上塗料も含めた全体のシステム（以下，「防水材システム」という）である。設定してある認定基準は，最終目標ではなく品質基準のレベルアップと共に社会的な規制や環境要求の動向に常に着目し最低年1回の見直しを図っていく事としてある。

2．認定委員会

申請された製品が「認定基準」を満たすかどうかについては「認定委員会」により審査・判定され，合格認定品には「認定証」が送られるとともに「認定マーク」の使用が許可される。

3．認定基準

前述のように，基準は「環境基準」と「品質基準」及び「容器」の3本立てとなる。「環境基準」と「品質基準」は絶対条件であるが，「容器」の対応によって「Rタイプ」と「Nタイプ」の2種類がある。

「Rタイプ」：3基準の全てを満たしたもの。

「Nタイプ」：「環境基準」と「品質基準」を満たしたもの。

「環境対応型ウレタン防水材システム・認定基準」（概要）

	対　象	試験項目	基　準
品質基準	ウレタン防水材	JIS A 6021	JIS A 6021 の性能規格値に合格していること または JIS A 6021 適合製品
	保護仕上塗料	耐候性	サンシャインカーボンアーク法による促進暴露試験後に，JIS K 5600-4-7 による光沢保持率が，平均80%以上
		耐水接着性	温水浸漬（50℃）試験後に，JIS K 5600-5-6 による付着性が分類0であること（カットの縁が完全に滑らかで，どの格子の目にもはがれがない）
	プライマー	耐水接着性	水浸漬試験後に，JIS K 6854-2 による剥離接着強度が，平均50N/25mm以上かついずれかの部材の材破
	接着剤	耐水接着性	水浸漬試験後に，JIS K 6854-2 による剥離接着強度が，平均40N/25mm以上または通気緩衝シートの100%材破
環境基準	溶剤		「有機溶剤中毒予防規則」に規定されている溶剤ならびに「特定化学物質障害予防規則」により規定されている特別有機溶剤を"使用していない"こと
	化学物質		環境省「化学物質の内分泌かく乱作用に関する今後の対応－EXTEND 2016－」ならびに厚生労働省「VOC及び総VOCの室内濃度の指針」にリストアップされている物質を"使用していない"こと
容器	リユース・リサイクル対応容器		容器の大部分が再利用または再資源化が可能なもの

注）環境基準における "使用していない" 状態とは，材料設計意図に含まれず，製造工程上および施工時において混入していないことが確認されていることをいう。

Ⅱ．ホルムアルデヒド自主規制

1．概要

　平成15年に施行された改正建築基準法に基づき，建築物の建築材料等から発散する化学物質「ホルムアルデヒド」の発散速度に応じて室内のホルムアルデヒド発散建築材料の区分が行われた。ウレタン防水材は，法的な規制を受けないが，施主・官公庁等で「F☆☆☆☆」品の要望が多くある。NUK としても防水材製品を安心して使用して頂くためにも NUK の自主管理のもとで2005年（平成17年）11月に「F☆☆☆☆」の自主規制申請登録制度を発足させた。

2．基準

　表示申請登録品基準として①または，②を満たす製品に対し，「F☆☆☆☆」の表示が出来るように定める。

①「ユリア樹脂，メラミン樹脂，フェノール樹脂，レゾルシノール樹脂及びホルムアルデヒド系防腐剤」を含まないウレタン材料であること。

②建築基準法の室内のホルムアルデヒド発散建築材料区分に基づき，ホルムアルデヒドの放散量の基準を満たす材料であること。尚，この材料については，公的機関による試験結果を添えて提出する。

		基準
建築基準法による等級区分 （チャンバー法 JIS A 1901）	発散速度（28℃）	0.005mg／㎡h以下
JIS記載基準による等級分類 （デシケーター法 JIS K 5601-4-1）	放散量（23℃）	0.12mg／L以下

参考として試験体の条件を以下に定める。

	使用量	養生及び採取開始時間
プライマー	0.2kg／㎡以上	
防水材	塗膜厚みとして3mm以上	7日間後
保護仕上塗料	0.2kg／㎡以上	
接着剤	0.3kg／㎡以上	

その他液状の添加材等の材料は，㎡当たりの使用量の最大とする。

Ⅲ．ＶＯＣ自主規制

1．概要

　平成18年12月1日より改正労働安全衛生法，同施行令等が施行され，『化学物質等に係る表示及び文書交付制度の改善』が打ち出された。NUKとしても，防水材をはじめとする建材製品を安心して使用して頂くために，改正労働安全衛生法，同施行令等の対象物質の中で特にVOC（揮発性有機化合物：Volatile Organic Compounds）に着目し，このVOCの内各方面で規制の動きが出ているトルエン，キシレン，エチルベンゼン及びスチレンについて，その含有量が0.1％未満の材料にNUKの自主規制のもとで2010年4月から「NUK-4VOC基準適合」の表示を行う自主規制表示申請登録制度を発足させた。

2．基準

　表示申請登録品基準として①の管理値を満たすと共に，②のフローチャートに沿って基準を満たす製品に対し，「NUK-4VOC基準適合」の表示ができるように定める。
【対象化合物】
　　トルエン，キシレン，エチルベンゼン，スチレン

① VOC含有管理値

物質	「NUK-4VOC基準適合」合有量管理値 （重量%）	改正労働安全衛生法等文書交付対象含有量（重量%）
トルエン	0.1 未満	0.1 以上
キシレン	0.1 未満	0.1 以上
エチルベンゼン	0.1 未満	0.1 以上
スチレン	0.1 未満	0.1 以上

多成分系材料の場合は，すべての成分が管理値を満たさなくてはならない。
（例：2成分系ウレタン防水材の場合，主剤・硬化剤共に4VOCの含有量が0.1重量％未満であること）

② フローチャート（省略　NUKホームページ参照）

Ⅳ. 環境6基準適合ウレタンゴム系防水材自主規制

1. 概要

　改正された労働安全衛生関係法令（厚生労働省）では，平成26年11月1日より，クロロホルムほか9物質（クロロホルム，四塩化炭素，1,4-ジオキサン，1,2-ジクロロエタン，ジクロロメタン，スチレン，1,1,2,2-テトラクロロエタン，テトラクロロエチレン，トリクロロエチレン，メチルイソブチルケトンの計10物質）が有機溶剤中毒予防規則（有機則）から特定化学物質障害予防規則（特化則）に移行し，エチルベンゼン，1,2-ジクロロプロパンを含めた12物質が特別有機溶剤に定められた。

　一方，建築基準法関係法令（国土交通省）で定めるホルムアルデヒド，厚生労働省の「VOC及び総VOCの室内濃度の指針」で指定している13物質，労働基準法女性労働基準規則（厚生労働省）で定める26物質，学校環境衛生基準（文部科学省）で定める6物質と，化学物質をめぐる規制は厳しさを増している。

　このような化学物質を取り巻く状況に対し，NUKでは，以下の環境基準を「環境6基準」と呼び，これのすべてに適合するウレタンゴム系防水材に対して「環境6基準適合」の表示を行う制度を発足させた。

①国土交通省：建築基準法／同施行令に定める物質：ホルムアルデヒド
②厚生労働省：「VOC及び総VOCの室内濃度の指針」の対象VOC：13物質
③厚生労働省：有機溶剤中毒予防規則に定める有機溶剤：44物質
④厚生労働省：特定化学物質障害予防規則に定める特別有機溶剤：12物質
⑤厚生労働省：女性労働基準規則に定める化学物質：26物質
⑥文部科学省：学校環境衛生基準に定める化学物質：6物質

2. 基準

　表示申請登録基準は，環境6基準で定める化学物質について，各々の基準で定められた基準値を満たすこととする。一覧を次表に示す。

化学物質		認定基準	対象法令・指針					
		含有量	ホルム	VOC	学校	有機則	特溶剤	女性則
1	ホルムアルデヒド	NUK「ホルムアルデヒド自主規制」の基準に拠る	○	○	○			
2	エチルベンゼン	NUK「VOC（揮発性有機化合物）自主規制」の基準に拠る		○	○		○	○
3	スチレン			○	○		○	○
4	キシレン			○	○	○		○
5	トルエン			○	○	○		○
6	クロルピリホス	使用していないこと			○			
7	ダイアジノン	使用していないこと			○			
8	テトラデカン	使用していないこと			○			
9	フェノブカルブ	使用していないこと			○			
10	アクリルアミド	0.1%未満						○
11	アセトン	0.1%未満				○		
12	アセトアルデヒド	0.1%未満			○			
13	イソブチルアルコール	0.1%未満				○		
14	イソプロピルアルコール	0.1%未満				○		
15	イソペンチルアルコール（別名イソアミルアルコール）	1%未満				○		
16	エチルエーテル	0.1%未満				○		
17	エチレンイミン	0.1%未満						○
18	エチレンオキシド	0.1%未満						○
19	エチレングリコールモノエチルエーテル（別名セロソルブ）	0.1%未満				○		
20	エチレングリコールモノエチルエーテルアセテート（別名セロソルブアセテート）	0.1%未満				○		○
21	エチレングリコールモノ−ノルマル−ブチルエーテル（別名ブチルセロソルブ）	0.1%未満				○		
22	エチレングリコールモノメチルエーテル（別名メチルセロソルブ）	0.1%未満				○		○
23	塩化ニッケル（Ⅱ）（粉状の物に限る。）	0.1%未満						○
24	塩素化ビフェニル（別名PCB）	1%以下						○
25	オルト−ジクロルベンゼン	1%未満				○		
26	カドミウム化合物	0.1%未満						○
27	ガソリン	0.1%未満				○		
28	クレゾール	0.1%未満				○		
29	クロム酸塩	0.1%未満						○
30	クロルベンゼン	0.1%未満				○		
31	クロロホルム	0.1%未満					○	
32	コールタールナフサ（ソルベントナフサを含む。）	0.1%未満				○		
33	五酸化バナジウム	0.1%未満						○
34	酢酸イソブチル	1%未満				○		
35	酢酸イソプロピル	1%未満				○		
36	酢酸イソペンチル（別名酢酸イソアミル）	0.1%未満				○		
37	酢酸エチル	1%未満				○		
38	酢酸ノルマル−ブチル	0.1%未満				○		
39	酢酸ノルマル−プロピル	0.1%未満				○		
40	酢酸ノルマル−ペンチル（別名酢酸ノルマル−アミル）	0.1%未満				○		

化学物質		認定基準	対象法令・指針					
		含有量	ホルム	VOC	学校	有機則	特溶剤	女性則
41	酢酸メチル	1％未満				○		
42	四塩化炭素	0.1％未満					○	
43	1,4-ジオキサン	0.1％未満					○	
44	シクロヘキサノール	0.1％未満				○		
45	シクロヘキサノン	0.1％未満				○		
46	1,2-ジクロロエタン	0.1％未満					○	
47	1,2－ジクロロエチレン（別名二塩化アセチレン）	0.1％未満				○		
48	ジクロロメタン	0.1％未満					○	
49	1,2-ジクロロプロパン	0.1％未満					○	
50	N,N－ジメチルホルムアミド	0.1％未満				○		○
51	水銀若しくはその無機化合物（硫化水銀を除く。）	0.1％未満						○
52	石油エーテル	1％未満				○		
53	石油ナフサ	1％未満				○		
54	石油ベンジン	1％未満				○		
55	1,1,2,2-テトラクロロエタン	0.1％未満					○	
56	テトラクロロエチレン（別名パークロルエチレン）	0.1％未満					○	○
57	テトラヒドロフラン	0.1％未満				○		
58	テレビン油	0.1％未満				○		
59	1,1,1－トリクロロエタン	0.1％未満				○		
60	トリクロロエチレン	0.1％未満					○	○
61	鉛及び安衛令別表第4第6号の鉛化合物【酸化鉛，水酸化鉛，塩化鉛，炭酸鉛，珪酸鉛，硫酸鉛，クロム酸鉛，チタン酸鉛，硼酸鉛，砒酸鉛，硝酸鉛，酢酸鉛，ステアリン酸鉛】	0.1％未満						○
62	二硫化炭素	0.1％未満				○		○
63	ノルマルヘキサン	0.1％未満				○		
64	パラジクロロベンゼン	0.1％未満		○	○			
65	砒素化合物（アルシン及び砒化ガリウムを除く。）	0.1％未満						○
66	1－ブタノール	0.1％未満				○		
67	2－ブタノール	0.1％未満				○		
68	フタル酸ジ-2-エチルヘキシル	0.1％未満		○				
69	フタル酸ジ-n-ブチル	0.1％未満		○				
70	β-プロピオラクトン	0.1％未満						○
71	ペンタクロルフェノール（別名PCP）若しくはそのナトリウム塩	0.1％未満						○
72	マンガン	0.1％未満						○
73	ミネラルスピリット（ミネラルシンナー，ペトロリウムスピリット，ホワイトスピリット及びミネラルターペンを含む。）	1％未満				○		
74	メタノール	0.1％未満				○		○
75	メチルイソブチルケトン	0.1％未満					○	
76	メチルエチルケトン	0.1％未満				○		
77	メチルシクロヘキサノール	1％未満				○		
78	メチルシクロヘキサノン	1％未満				○		
79	メチル－ノルマル－ブチルケトン	1％未満				○		

公共建築工事標準仕様書
（令和４年版）抜粋

9章 防水工事

5節 塗膜防水

9.5.1
一 般 事 項

　この節は，コンクリート下地に，屋根用塗膜防水材（ウレタンゴム系，ゴムアスファルト系）を用いて施工する塗膜防水に適用する。

9.5.2
材 料

(1) 主材料

　塗膜を形成する材料は，JIS A 6021（建築用塗膜防水材）の屋根用に基づき，種類はウレタンゴム系高伸長形又はゴムアスファルト系とし，立上り部は立上り用又は共用を用いる。

(2) 保護緩衝材

　地下外壁防水の保護に使用する場合，保護緩衝材の材質は補強クロス付きポリエチレン発泡材とし，厚さ5㎜以上のものとする。

(3) 絶縁用シート

　屋内防水層と保護コンクリートを絶縁する目的で使用する場合，絶縁用シートは，9.2.2(10)によるポリエチレンフィルム又はフラットヤーンクロスとする。

(4) その他の材料

　プライマー，補強布，接着剤，通気緩衝シート，シーリング材，仕上塗料等は，主材料の製造所の指定する製品とする。

9.5.3
防水層の種別
及 び 工 程

(1) ウレタンゴム系塗膜防水は，次による。

　(ア) 防水層の工法による種別及び工程は，表9.5.1により，種別は特記による。

表9.5.1　ウレタンゴム系塗膜防水工法の種別及び工程

種別	X−1(絶縁工法)			X−2(密着工法)		
工程	材料・工法		使用量(kg／㎡)	材料・工法		使用量(kg／㎡)
1	接着剤塗り 通気緩衝シート張り[(注)1]		0.3	プライマー塗り		0.2
2	ウレタンゴム系 塗膜防水材塗り		3.0[(注)4,(注)5]	ウレタンゴム系 塗膜防水材塗り 補強布張り		0.3
3	ウレタンゴム系 塗膜防水材塗り			ウレタンゴム系 塗膜防水材塗り		2.7[(注)4,(注)5] (1.7)[(注)2]
4	仕上塗料塗り[(注)6]		−	ウレタンゴム系 塗膜防水材塗り		
5	−		−	仕上塗料塗り[(注)6]		−

(注) 1. 接着剤以外による通気緩衝シートの張付け方法は，主材料の製造所の仕様による。
　　 2. 立上り部は全て，種別 X−2 とし，工程3 及び工程4 のウレタンゴム系塗膜防水材の使用量を（ ）内とする。
　　 3. 表中のウレタンゴム系塗膜防水材の使用量は，硬化物比重が1.0である材料を示しており，硬化物比重がこれ以外の場合は，所定の塗膜厚を確保するように使用量を換算する。
　　 4. ウレタンゴム系塗膜防水材塗りは，2 回以上に分割して塗り付ける。
　　 5. ウレタンゴム系塗膜防水材塗りの1工程当たりの使用量は，平場は2.5kg/㎡，立上りは1.5kg/㎡を上限とする。
　　 6. 仕上塗料の種類及び使用量は，特記による。特記がなければ，使用量は主材料の製造所の仕様による。

(イ)　種別 X−1 において，脱気装置の種類及び設置数量は，特記による。特記がなければ，主材料の製造所の仕様による。

9.5.4 施　工

(1)　防水層の下地は，次による。

　(ア)　防水層の下地は，9.2.4(1)による。ただし，出隅は通りよく45°の面取りとし，入隅は通りよく直角とする。

　(イ)　ルーフドレン回り，配管回り及び和風便器と防水層の取合いは，7節により，防水下地材に応じた適切なシーリング材で措置を講ずる。

(2)　プライマー塗りは，下地が十分乾燥した後に清掃を行い，ローラーばけ等を用いて当日の施工範囲をむらなく塗布する。

(3)　下地の補強は，次による。

　(ア)　コンクリートの打継ぎ箇所等で防水上不具合のある下地は，監督職員と協議のうえ，U字形にはつり，シーリング材を充填したうえ，幅100㎜以上の補強布を用いて補強塗りを行う。ただし，種別 X−1 における通気緩衝シートの下になる部位については，主材料の製造所の仕様による。

　(イ)　出隅及び入隅は，種別 Y−1の場合は幅200㎜以上，種別 Y−2の場合は幅100㎜以上の補強布を用いて補強塗りを行う。

　　　　なお，種別Ｙ－１の補強塗りは，増吹き又は増塗りする場合は補強布を省略

　　　することができる。

　(ｳ)　ルーフドレン，配管等の取合いは，幅100mm以上の補強布を用いて補強塗り

　　　を行う。

(4)　塗膜防水材塗りは，次による。

　(ｱ)　塗膜防水材は，主材料の製造所の仕様により，可使時間に見合った量及び方

　　　法で練り混ぜる。

　(ｲ)　塗膜防水材は，材料に見合った方法で均一に塗り付ける。

　　　　なお，種別Ｘ－２又はＹ－２の補強布張りは，防水材を塗りながら行う。

　(ｳ)　塗継ぎの重ね幅は100mm以上とし，補強布の重ね幅は50mm以上とする。

(5)　(1)から(4)まで以外は，主材料の製造所の仕様による。

9.8.2 塗膜防水「標仕」以外の工法

(1) 超速硬化ウレタンゴム系塗膜防水

(ア) ウレタンゴム系塗膜防水工法として「標仕」では，X − 1，X − 2が規定されている。

その施工方法としては，ゴムべらや金ごて等による塗り工法と吹付け機を用いる吹付け工法がある。

(イ) 代表的な吹付け工法として，2成分形ウレタンゴム系防水材を専用吹付け機を用い，極短時間で塗膜を形成させる「超速硬化ウレタンゴム系塗膜防水工法」があり，次のような特徴と注意点を有している。

(a) 硬化時間が短いため平場・立上り部とも同一材で施工できる。

(b) セルフレベリング性がないため，塗膜厚さが下地の凹凸の影響を受けにくい。

(c) 膜厚確保のために，施工管理がより重要である。

(d) 均一な品質を得るために，機器類の整備・調整が重要である。

(e) 施工に当たっては，周囲に対するスプレーミストの飛散防止対策として，適切な養生を行う必要がある。

(ウ) この工法のうち，JIS A 6021に規定するウレタンゴム系高強度形を用いたものについては，実績も多く，次のような特徴がある（図9.8.1 及び図9.8.2 参照）。

(a) 密着工法では，補強布を使用しない。

(b) 所定量のウレタン防水材を，一工程で吹き付ける。

「JASS 8 防水工事」のウレタンゴム系高強度形塗膜防水工法・密着仕様（L-UFH），ウレタンゴム系高強度形塗膜防水工法・絶縁仕様（L-USH）及び国土交通省大臣官房営繕部制定「公共建築改修工事標準仕様書（建築工事編）令和4年版」のウレタンゴム系高強度形塗膜防水工法・絶縁仕様（X-1H），ウレタンゴム系高強度形塗膜防水工法・密着仕様（X-2H）を参考にするとよい。

図9.8.1　施工状況

図9.8.2　専用吹付け機

公共建築改修工事標準仕様書
（令和4年版）抜粋

6節　塗膜防水

3.6.1
一般事項

　この節は，新設する防水層として屋根用塗膜防水材（ウレタンゴム系，ゴムアスファルト系）を用いて施工する塗膜防水に適用する。

3.6.2
材料

(1)　主材料

　塗膜を形成する材料はJIS A 6021（建築用塗膜防水材）の屋根用に基づき，種類はウレタンゴム系高伸長形，ウレタンゴム系高強度形又はゴムアスファルト系とし，立上り部は立上り用又は共用を用いる。

　なお，ウレタンゴム系高強度形は，JIS K 5600-1-1（塗料一般試験方法－第1部：通則－第1節：試験一般（条件及び方法））により，指触乾燥時間（23℃）が60秒以内のものとする。

(2)　絶縁用シート

　屋内防水層と保護コンクリートを絶縁する目的で使用する場合，絶縁用シートは．3.3.2 ⑽によるポリエチレンフィルム又はフラットヤーンクロスとする。

(3)　その他の材料

　プライマー，層間接着用プライマー，補強布，接着剤，通気緩衝シート，シーリング材，仕上塗料等は，主材料の製造所の指定する製品とする。

3.6.3
種別及び工程

(1)　P0X工法及びL4X工法は，次による。

　(ア)　新規防水層の種別及び工程は表3.6.1及び表3.6.2により，種別は特記による。

表3.6.1　ウレタンゴム系高伸長形塗膜防水工法の種別及び工程

種別	X−1(絶縁工法)		X−2(密着工法)	
工程	材料・工法	使用量 (kg / ㎡)	材料・工法	使用量 (kg / ㎡)
1	接着剤塗り通気緩衝 シート張り[注1]	0.3	プライマー塗り	0.2
2	ウレタンゴム系高伸長形 塗膜防水材塗り	3.0[注5,注6]	ウレタンゴム系高伸長形 塗膜防水材塗り補強布張り	0.3
3	ウレタンゴム系高伸長形 塗膜防水材塗り		ウレタンゴム系高伸長形 塗膜防水材塗り	2.7[注5,注6] (1.7)[注3]
4	仕上塗料塗り[注7]	−	ウレタンゴム系高伸長形 塗膜防水材塗り	
5	−	−	仕上塗料塗り[注7]	−

(注)1．接着剤以外による通気緩衝シートの張付け方法は，主材料の製造所の仕様による。
　　2．L4X工法で既存防水層の表面に層間接着用プライマーを塗布した場合は，工程1を省略する。
　　3．立上り部は全て，種別X−2とし，工程3及び工程4のウレタンゴム系塗膜防水材の使用量を（　）
　　　内とする。
　　4．表中のウレタンゴム系塗膜防水材の使用量は，硬化物比重が1.0である材料の場合を示しており，硬
　　　化物比重がこれ以外の場合は，所定の塗膜厚を確保するように使用量を換算する。
　　5．ウレタンゴム系塗膜防水材塗りは，2回以上に分割して塗り付ける。
　　6．ウレタンゴム系塗膜防水材塗りの1工程当たりの使用量は，平場は2.5kg/㎡，立上りは1.5kg/㎡を
　　　上限とする。
　　7．仕上塗料の種類及び使用量は，特記による。特記がなければ，使用量は主材料の製造所の仕様によ
　　　る。

表3.6.2　ウレタンゴム系高強度形塗膜防水の種別及び工程

種別	X−1H(絶縁工法)		X−2H(密着工法)	
工程	材料・工法	使用量 (kg / ㎡)	材料・工法	使用量 (kg / ㎡)
1	接着剤塗り 通気緩衝シート張り[注1]	0.3	プライマー塗り	0.2
2	ウレタンゴム系高強度形 塗膜防水材吹付[注5]	3.0[注3]	ウレタンゴム系高強度形 塗膜防水材吹付[注5]	3.0[注3] (20)[注4]
3	仕上塗料塗り[注6]	−	仕上塗料塗り[注6]	−

(注)1．接着剤以外による通気緩衝シートの張付け方法は，主材料の製造所の仕様による。
　　2．L4X工法で既存防水層の表面に層間接着用プライマーを塗布した場合は，工程1を省略する。
　　3．表中のウレタンゴム系塗膜防水材の使用量は，硬化物比重が1.0である材料の場合を示しており，硬
　　　化物比重がこれ以外の場合は，所定の塗膜厚を確保するように使用量を換算する。
　　4．立上り部は全て，種別X−2Hとし，工程2のウレタンゴム系塗膜防水材の塗布量を（　）内とする。
　　5．吹付け作業が困難な部位の工法は，主材料の製造所の仕様による。
　　6．仕上塗料の種類及び使用量は，特記による。特記がなければ，使用量は主材料の製造所の仕様によ
　　　る。

　(イ)　絶縁工法において，脱気装置の種類及び設置数量は，特記による。特記がな
　　ければ，主材料の製造所の仕様による。

3.6.4 施　　工		(1)　防水層の下地は，次による。

(1)　防水層の下地は，次による。

　　(ア)　防水層の下地は，3.2.6による。

　　(イ)　ルーフドレン回り，配管回り及び和風便器と防水層の取合いは，7節により，防水下地材に応じた適切なシーリング材で措置を講ずる。

　　(ウ)　POX工法において，立上り部の保護層及び防水層を撤去しない場合は，主材料の製造所の仕様による。

(2)　プライマー塗りは，下地が十分乾燥した後に清掃を行い，ローラーばけ等を用いて当日の施工範囲をむらなく塗布する。

(3)　下地の補強は，次による。

　　(ア)　コンクリートの打継ぎ箇所，3.2.6により補修を行った著しいひび割れ箇所等は，幅100mm以上の補強布を用いて補強塗りを行う。ただし，種別X－1及びX－1Hにおける通気緩衝シートの下になる部位については，主材料の製造所の仕様による。

　　(イ)　種別Y－2の場合は，出隅及び入隅を幅100mm以上の補強布を用いて補強塗りを行う。

　　(ウ)　ルーフドレン，配管等の取合いは，幅100mm以上の補強布を用いて補強塗りを行う。

(4)　塗膜防水材塗りは，次による。

　　(ア)　塗膜防水材は，主材料の製造所の仕様により，可使時間に見合った量及び方法で練り混ぜる。

　　(イ)　塗膜防水材は，材料に見合った方法で均一に塗り付ける。

　　　　なお，種別X－2又はY－2の補強布張りは，防水材を塗りながら行う。

　　(ウ)　塗継ぎの重ね幅は100mm以上とし，補強布の重ね幅は50mm以上とする。

(5)　ウレタンゴム形高強度形塗膜防水材吹付けは，主材料の製造所の仕様による。

(6)　(1)から(5)まで以外は，主材料の製造所の仕様による。

建築改修工事監理指針
（令和4年版）

「公共建築改修工事標準仕様書 令和4年版」において，ウレタンゴム系高強度形塗膜防水（X-1H，X-2H）が標準仕様化されたため，「建築改修工事監理指針 令和4年版」の『3.6.5「改修標仕」以外の工法』から，『ウレタンゴム系塗膜防水』が削除された。

日本建築学会建築工事標準仕様書
JASS 8　防水工事（2022）抜粋

1節　面防水工事

1.5　不定形材塗布・吹付け防水工事

1.5.5　塗膜防水工事

a．防水層の種別

　　塗膜防水層の種別は，表1.5.1 ～ 1.5.8に示すとおりとする．なお，表中の［　　］内の数値は，使用量を示す．

表1.5.1　ウレタンゴム系高伸長形塗膜防水工法・密着仕様（L-UFS）

部位 / 工程	平場（RC·PCa 下地）（勾配 1/50〜1/20）		立上り（RC 下地）	
工程−1	プライマー塗り［0.2kg/㎡］		プライマー塗り［0.2kg/㎡］	
工程−2	補強布張付け（ウレタンゴム系高伸長形防水材）	［3.9kg/㎡］	補強布張付け（ウレタンゴム系高伸長形防水材）	［2.6kg/㎡］
工程−3	ウレタンゴム系高伸長形防水材塗り		ウレタンゴム系高伸長形防水材塗り	
工程−4	ウレタンゴム系高伸長形防水材塗り		ウレタンゴム系高伸長形防水材塗り	

保護層・仕上げ層 / 工程	仕上塗料	仕上塗料
工程−1	仕上塗料塗り［0.2kg/㎡］	仕上塗料塗り［0.2kg/㎡］

　［RC：現場打ち鉄筋コンクリート，PCa：プレキャスト鉄筋コンクリート部材］

［注］(1)立上りの下地をプレキャスト鉄筋コンクリート部材とする場合は，スラブと一体となる構造形式のものとする．目地部の処理は特記による．
　　　(2)ウレタンゴム系防水材の使用量は，硬化物比重が1.3である材料の場合を示しており，硬化物比重がこれ以外の場合にあっては，下表の使用量とする．

使用量（kg/㎡）		硬化物比重						換算膜厚
		1.0	1.1	1.2	1.3	1.4	1.5	
	平　場	3.0	3.3	3.6	3.9	4.2	4.5	3mm
	立上り	2.0	2.2	2.4	2.6	2.8	3.0	2mm

　　　(3)ウレタンゴム系防水材の使用量は，総使用量を示しており，使用するウレタンゴム系防水材の性状や下地の状況などにより，工程数を増やすようにする．なお，ウレタンゴム系防水材の1工程あたりの使用量は，平場は2.5kg/㎡以下，立上りは1.5kg/㎡以下とする．
　　　(4)現場打ち鉄筋コンクリートの打継ぎ部，プレキャスト鉄筋コンクリート部材の接合部の処理は，特記による．
　　　(5)ウレタンゴム系防水材は，JIS A 6021：2022（建築用塗膜防水材）の屋根用のウレタンゴム系高伸長形とする．

表1.5.2 ウレタンゴム系高強度形塗膜防水工法・密着仕様(L-UFH)

工程 \ 部位	平場(RC・PCa 下地) (勾配 1/50 ～ 1/20)	立上り(RC 下地)
工程－1	プライマー塗り[0.2kg/㎡]	プライマー塗り[0.2kg/㎡]
工程－2	ウレタンゴム系 高強度形防水材吹付け [3.0kg/㎡]	ウレタンゴム系 高強度形防水材吹付け [2.0kg/㎡]
工程 \ 保護層・仕上げ層	仕上塗料	仕上塗料
工程－1	仕上塗料塗り [0.2kg／㎡]	仕上塗料塗り [0.2kg／㎡]

[RC：現場打ち鉄筋コンクリート, PCa：プレキャスト鉄筋コンクリート部材]

[注](1)立上りの下地をプレキャスト鉄筋コンクリート部材とする場合は，スラブと一体となる構造形式のものとする．目地部の処理は特記による．
　(2)ウレタンゴム系防水材の使用量は，硬化物比重が1.0である材料の場合を示しており，硬化物比重がこれ以外の場合にあっては，下表の使用量とする．

		硬化物比重		換算膜厚
		1.0	1.1	
使用量 (kg/㎡)	平　場	3.0	3.3	3mm
	立上り	2.0	2.2	2mm

　(3)ウレタンゴム系防水材の使用量は，総使用量を示している．
　(4)現場打ち鉄筋コンクリートの打継ぎ部，プレキャスト鉄筋コンクリート部材の接合部の処理は，特記による．
　(5)ウレタンゴム系防水材は，JIS A 6021：2022(建築用塗膜防水材)の屋根用のウレタンゴム系高強度形とする．なお，高強度形は超速硬化吹付けタイプとする．

表1.5.3 ウレタンゴム系高伸度形塗膜防水工法・絶縁仕様(L-USS)

工程 ＼ 部位	平場(RC・PCa・ALC 下地) (勾配 1/50〜1/20)		立上り(RC 下地)	
工程-1	通気緩衝シート張付け		プライマー塗り[0.2kg/㎡]	
工程-2	ウレタンゴム系 高伸長形防水材塗り	[3.9kg/㎡]	補強布張付け (ウレタンゴム系 高伸長形防水材)	[2.6kg/㎡]
工程-3	ウレタンゴム系 高伸長形防水材塗り		ウレタンゴム系 高伸長形防水材塗り	
工程-4	－		ウレタンゴム系 高伸長形防水材塗り	

工程 ＼ 保護層・仕上げ層	仕上塗料	仕上塗料
工程-1	仕上塗料塗り [0.2kg/㎡]	仕上塗料塗り [0.2kg/㎡]

[RC:現場打ち鉄筋コンクリート, PCa:プレキャスト鉄筋コンクリート部材, ALC:ALCパネル]

[注](1)立上りの下地をプレキャスト鉄筋コンクリート部材とする場合は,スラブと一体となる構造形式のものとする.目地部の処理は特記による.
(2)ウレタンゴム系防水材の使用量は,硬化物密度が1.3である材料の場合を示しており,硬化物比重がこれ以外の場合にあっては,した表の使用量とする.

使用量 (kg/㎡)		硬化物比重						換算膜厚
		1.0	1.1	1.2	1.3	1.4	1.5	
	平 場	3.0	3.3	3.6	3.9	4.2	4.5	3mm
	立上り	2.0	2.2	2.4	2.6	2.8	3.0	2mm

(3)ウレタンゴム系防水材の使用量は,総使用量を示しており,使用するウレタンゴム系防水材の性状や下地の状況などにより工程数を増やすようにする.なお,ウレタンゴム系防水材の1工程あたりの使用量は,平場は2.5kg/㎡以下,立上りは1.5kg/㎡以下とする.
(4)現場打ち鉄筋コンクリートの打継ぎ部,プレキャスト鉄筋コンクリート部材の接合部の処理は,特記による.
(5)ALCパネルの表面は,目止めを行なう.その材料は特記による.
(6)ウレタンゴム系防水材は,JIS A 6021:2022(建築用塗膜防水材)の屋根用のウレタンゴム系高伸長形とする.
(7)通気緩衝シートの張付け方法は,防水材製造所の指定による.
(8)脱気装置を設置する場合,その位置,種類,個数は特記による.

表1.5.4　ウレタンゴム系高強度形塗膜防水工法・絶縁仕様(L-USH)

工程　　部位	平場　（RC・PCa・ALC 下地） （勾配 1/50 〜 1/20）	立上り（RC 下地）
工程 -1	通気緩衝シート張付け	プライマー塗り [0.2 kg/㎡]
工程 -2	ウレタンゴム系 高強度形防水材吹付け [3.0 kg/㎡]	ウレタンゴム系 高強度形防水材吹付け [2.0 kg/㎡]
工程　　保護層・ 仕上げ層	仕上塗料	仕上塗料
工程－1	仕上塗料塗り [0.2 kg/㎡]	仕上塗料塗り [0.2 kg/㎡]

［RC：現場打ち鉄筋コンクリート, PCa：プレキャスト鉄筋コンクリート部材, ALC：ALC パネル］

[注] (1) 立上りの下地をプレキャスト鉄筋コンクリート部材, ALC パネルとする場合は, スラブと一体となる構造形式のものとする. 目地部の処理は特記による.
(2) ウレタンゴム系防水材の使用量は, 硬化物比重が1.0である材料の場合を示しており, 硬化物比重がこれ以外の場合にあっては, 下表の使用量とする.

使用量 (kg/㎡)		硬化物比重		換算膜厚
		1.0	1.1	
	平 場	3.0	3.3	3mm
	立上り	2.0	2.2	2mm

(3) ウレタンゴム系防水材の使用量は, 総使用量を示している.
(4) 現場打ち鉄筋コンクリートの打継ぎ部, プレキャスト鉄筋コンクリート部材・ALC パネルの接合部の処理は, 特記による.
(5) ALC パネルの表面は, 目止めを行なう. その材料は特記による.
(6) ウレタンゴム系防水材は, JIS A 6021：2022（建築用塗膜防水材）の屋根用のウレタンゴム系高強度形とする. なお, 高強度形は, 超速硬化吹付けタイプとする.
(7) 通気緩衝シートの張付け方法は, 防水材製造所の指定による.
(8) 脱気装置を設置する場合, その位置, 種類, 個数は特記による.

面防水の標準仕様以外で防水設計上参考となる仕様

(3) 不定形材塗布・吹付け防水工事

・ウレタンゴム系高強度形塗膜防水工法・超速硬化吹付けタイプ駐車場密着仕様

a. 仕 様

ウレタンゴム系高強度形塗膜防水工法・超速硬化吹付けタイプ駐車場密着仕様

工程＼部位	平場（RC・PCa 下地） （勾配 1/50 ～ 1/20）	立上り（RC 下地）
工程－1	プライマー塗り［0.2kg／㎡］	プライマー塗り［0.2kg／㎡］
工程－2	ウレタンゴム系 高強度形防水材吹付け ［3.0kg／㎡］	ウレタンゴム系 高強度形防水材吹付け ［2.0kg／㎡］
工程＼保護層・仕上げ層	骨材散布・仕上塗料	仕上塗料
工程－1	骨材散布［1.5kg／㎡］ （硬質ウレタンゴム系仕上材吹付け）	仕上塗料塗り［0.2kg／㎡］
工程－2	仕上塗料塗り［0.3kg／㎡］	－

［RC：現場打ち鉄筋コンクリート，PCa：プレキャスト鉄筋コンクリート部材］

［注］(1) ウレタンゴム系防水材の使用量は，硬化物比重が1.0を示しており，硬化物比重がこれ以外の場合にあっては，換算膜厚（平場：
3mm，立上り：2mm）を基準に使用量を換算する．
(2) ウレタンゴム系防水材は，JIS A 6021：2022（建築用塗膜防水材）の屋根用のウレタンゴム系高強度形とする．なお，高強度形
は，超速硬化吹付けタイプとする．
(3) 保護層・仕上げ層は防水材料製造所によって異なる場合があるので，その場合は防水材製造所の指定による．

b. 解 説

適用部位	保護層・仕上げ層
屋根・屋上（駐車場），室内（駐車場）	骨材散布・仕上塗料

［特 徴］

① ここに示す塗膜防水工法は，主に駐車場に用いられ，防水材および床材としての機能を発揮するものである．

② 保護・仕上げ層に骨材と共に用いられる硬質ウレタンゴム系仕上材は，保護層としての性能および耐久性のほかに骨材の固定度を高めるために，JIS硬度A70以上の製品が用いられる．

［注意点］

① 駐車場はその用途部位により要求性能が大きく変わるため，防水層は多様な性能が要求される．用途部位については，以下のような分類がある．

1）階下が居住空間である屋上

2）階下が駐車場である屋上

3）中層階

4）スロープ

② 駐車場用途としては，骨材の脱落は車のスリップの原因となるおそれがあるため，保護層・仕上げ層の骨材の維持・管理が重要であり，使用頻度に応じた定期的なメンテナンスが必要である．

③ スプレーミストの飛散による周囲の汚染を避けるため，十分な養生が必要である．

・ウレタンゴム系高強度形塗膜防水工法・超速硬化吹付けタイプ密着仕様

a．仕　様

ウレタンゴム系高強度形塗膜防水工法・超速硬化吹付けタイプ密着仕様

工程 ＼ 部位	平場（RC・PCa下地） （勾配 1/50 ～ 1/20）	立上り（RC下地）
工程－1	プライマー塗り[0.2kg／㎡]	プライマー塗り[0.2kg／㎡]
工程－2	ウレタンゴム系 高強度形防水材吹付け [2.0kg／㎡]	ウレタンゴム系 高強度形防水材吹付け [2.0kg／㎡]
工程 ＼ 保護層・仕上げ層	仕上塗料	仕上塗料
工程－1	仕上塗料塗り [0.2kg／㎡]	仕上塗料塗り [0.2kg／㎡]

［RC：現場打ち鉄筋コンクリート，PCa：プレキャスト鉄筋コンクリート部材］

［注］(1)ウレタンゴム系防水材の使用量は，硬化物比重が1.0である材料の場合を示しており，硬化物比重がこれ以外の場合にあっては，換算膜厚（平場：2mm，立上り：2mm）を基準に使用量を換算する．
　　　(2)ウレタンゴム系防水材は，JIS A 6021：2022（建築用塗膜防水材）の屋根用のウレタンゴム系高強度形とする．なお，高強度形は，超速硬化吹付けタイプとする．

b．解　説

適用部位	保護層・仕上げ層
ひさし，開放廊下，ベランダ（ただし階下が居住空間ではない部位）	仕上塗料

［特　徴］

① 現場打ち鉄筋コンクリート，プレキャスト鉄筋コンクリート部材を下地とする開放廊下，階段室，ベランダに適用することを標準とする．ただし，階下が居住空間ではない部位に適用する．

② JIS A 6021：2022の「ウレタンゴム系高強度形」防水材料を使用することにより，歩行頻度の高い開放廊下や階段室への適用が可能である．

③ 防水材料として超速硬化吹付けタイプのウレタンを使用することにより，セルフレベリング性がないため，平場と立上りを同一材料で施工でき，数分で硬化するので工期の短縮化を図ることができる．

[注意点]

① 超速硬化ウレタンは，吹付け機により2成分を別々に高圧圧送し，スプレーガンの部位で混合され吹付け施工される．防水材製造所により，推奨する超速硬化ウレタン吹付け機が異なるため，施工に際しては指導を受ける必要がある．

② 良好な塗膜を得るためには，施工現場における機器の整備・調整を確実に行う必要がある．

③ スプレーミストの飛散による周囲の汚染を避けるため，十分な養生が必要である．

④ 保護層・仕上げ層としての仕上塗料は，用途や部位に応じて選択する．

・ウレタンゴム系高強度形塗膜防水複層工法・手塗りタイプ密着仕様

a. 仕 様

ウレタンゴム系高強度形塗膜防水複層工法・手塗りタイプ密着仕様

工程＼部位	平場（RC・PCa下地）（勾配 1/50 ～ 1/20）		立上り（RC下地）	
工程－1	プライマー塗り［0.2kg／㎡］		プライマー塗り［0.2kg／㎡］	
工程－2	ウレタンゴム系高伸長形防水材※1塗り	［1.9kg／㎡］	補強布張付け（ウレタンゴム系高伸長形防水材※1）	［2.6kg／㎡］
工程－3	ウレタンゴム系高強度形防水材※2塗り	［2.0kg／㎡］	ウレタンゴム系高伸長形防水材※1塗り	
工程－4	－		ウレタンゴム系高伸長形防水材※1塗り	
工程＼保護層・仕上げ層	仕上塗料		仕上塗料	
工程－1	仕上塗料塗り［0.2kg／㎡］		仕上塗料塗り［0.2kg／㎡］	

［RC：現場打ち鉄筋コンクリート，PCa：プレキャスト鉄筋コンクリート部材］

[注](1)ウレタンゴム系防水材の使用量は，硬化物比重が1.3を示しており，硬化物比重がこれ以外の場合にあっては，換算膜厚（平場：3mm，立上り：2mm）を基準に使用量を換算する．
(2)使用するウレタンゴム系防水材の性状や下地の状況などにより，工程数を増やすことができる．なお，ウレタンゴム系防水材の1工程あたりの使用量は，平場は2.5kg／㎡以下，立上りは1.5kg／㎡以下とする．
(3)※1のウレタンゴム系防水材は，JIS A 6021：2022（建築用塗膜防水材）の屋根用のウレタンゴム系高伸長形（旧1類）の手塗りタイプとする．
(4)※2のウレタンゴム系防水材は，JIS A6021：2022（建築用塗膜防水材）の屋根用のウレタンゴム系高強度形の手塗りタイプとする．

b. 解 説

適用部位	保護層・仕上げ層
屋根・屋上（軽歩行，非歩行），ひさし，開放廊下	仕上塗料

[特　徴]
① 現場打ち鉄筋コンクリート，プレキャスト鉄筋コンクリート部材を下地とする屋根に適用することを標準とする．
② 防水層に荷重がかかる場合や，ユニバーサルデザイン，使用頻度が高い部位に適用する．
③ 超速硬化吹付けタイプの施工が困難な現場，部位に適用できる．
④ 第一層のウレタンゴム系高伸長形防水材と第二層のウレタンゴム系高強度形防水材の二層構造により下地追従性の数値は単層と比較して大きくなり，防水層の長期耐久性が向上する．
⑤ 手塗りタイプのウレタンゴム系高強度形防水材は，屋上駐車場用の上塗り層として開発された経緯があり，実績も多い．

[注意点]
① 立上り部のウレタンゴム系防水材は，高伸長形とする．
② 平場の工程－2と工程－3の使用量の割合は，使用する用途や部位に応じて変えることができる．
③ 平場に発生した動きを伴う下地のひび割れには，補強布を用いることができる．
④ 保護層・仕上げ層としての仕上塗料は，用途や部位に応じて選択する．
⑤ 本工法を駐車場に適用する場合の保護層・仕上げ層は，以下のとおりとする．
　　工程－1：骨材散布［1.5kg／㎡］（硬質ウレタンゴム系仕上材塗り）
　　工程－2：仕上塗料塗り［0.3kg／㎡］

・ウレタンゴム系塗膜防水工法・厚塗り密着仕様

a．仕　様

ウレタンゴム系塗膜防水工法・厚塗り密着仕様

工程＼部位	平場（RC・PCa下地）（勾配 1/50 〜 1/20）		立上り（RC下地）	
工程－1	プライマー塗り［0.2kg／㎡］		プライマー塗り［0.2kg／㎡］	
工程－2	ウレタンゴム系高伸長形防水材塗り		補強布張付け（ウレタンゴム系高伸長形防水材）	
工程－3	ウレタンゴム系高伸長形防水材塗り	［7.8kg／㎡］	ウレタンゴム系高伸長形防水材塗り	［3.9kg／㎡］
工程－4	ウレタンゴム系高伸長形防水材塗り		ウレタンゴム系高伸長形防水材塗り	
工程＼保護層・仕上げ層	仕上塗料		仕上塗料	
工程－1	仕上塗料塗り［0.2kg／㎡］		仕上塗料［0.2kg／㎡］	

［RC：現場打ち鉄筋コンクリート，PCa：プレキャスト鉄筋コンクリート部材］

［注］(1)ウレタンゴム系防水材の使用量は，硬化物比重が1.0である材料の場合を示しており，硬化物比重がこれ以外の場合にあっては，換算膜厚（平場：6mm，立上り：3mm）を基準に使用量を換算する．
(2)ウレタンゴム系防水材の使用量は，総使用量を示しており，使用するウレタンゴム系防水材の性状や下地の状況などにより，工程数を増やすことができる．なお，ウレタンゴム系防水材の1工程あたりの使用量は，平場は2.5kg/㎡以下，立上りは1.5kg/㎡以下とする．
(3)ウレタンゴム系防水材は，JIS A 6021：2022（建築用塗膜防水材）の屋根用のウレタンゴム系高伸長形とする．

ｂ．解　説

適用部位	保護層・仕上げ層
屋根・屋上（軽歩行，非歩行，運動場）	仕上塗料

［特　徴］

①　現場打ち鉄筋コンクリート，プレキャスト鉄筋コンクリート部材を下地とする屋根に適用することを標準とする．また，メンテナンスが困難な部位や，使用頻度が高い部位に適用する．

　　なお，屋上のスポーツ利用を行うため，使用頻度や使用負荷に対応することも目的としている．

②　標準仕様であるL-UFSに対して本仕様は，ウレタンゴム系防水材の平場の換算膜厚を3mmから6mmとし，立上りの換算膜厚を2mmから3mmとして，長期の耐久性を確保することを目的としている．

③　L-UFSとの違いは，平場の補強布の張付け工程を除外したことである．その理由は，防水材の塗布量が6mmと厚いため，補強布を用いる主な理由である塗布厚さの確保に対する有効性が失われるためである．

④　塗膜の均一性は，L-UFSの防水材塗布工程が2工程であることに対して，3工程とすることで確保される．

［注意点］

①　保護層・仕上げ層としての仕上塗料は，用途や部位に応じて耐久性の優れたものを選択する必要がある．

2章　防水修繕工事

5節　脱気絶縁複合防水工事（歩行用・軽歩行用）

2.5.2
脱気絶縁複合
防水
（歩行用ウレタ
ンゴム系全面
修繕1回目）

2.5.1表　脱気絶縁部（平場部）の工程

工程	材　料	使用量 /㎡	工　法
1	接着剤	0.2kg以上	くしごて，はけ塗り又はクシ目バケ
	プライマー[注]1	0.15kg以上	はけ塗り又はローラー塗り
2	通気緩衝シート[注]1,2,3	－	張付け
3	ウレタンゴム系塗膜防水材[注]4	1.5kg	くしごて，金ごて又ははけ塗り
4	ウレタンゴム系塗膜防水材[注]4	1.5kg	くしごて，金ごて又ははけ塗り
5	層間プライマー	0.1kg以上	はけ塗り又はローラー塗り
6	無機質系防水保護塗料	1.0kg以上	こて塗り，はけ塗り又はローラー塗り

（注）1　工程1のプライマーは，工程2に自己接着性の通気緩衝シートを使用する場合に用いる。
　　　2　工程2の通気緩衝シートは，ポリマー改質アスファルトシート又はゴムシートとし，合成繊維不織布を使用する場合は，ウレタンゴム系塗膜防水材の塗布量を4.5kg以上とし，塗膜防水材の塗布工程を3工程に分けて塗布する。
　　　3　工程2の通気緩衝シートは，脱気機能を有するものとする。
　　　4　工程3，4のウレタンゴム系塗膜防水材の使用量は，硬化物密度が1.0Mg/㎡である材料の場合を示しており，硬化物密度がこれ以上の場合にあっては，所要塗膜厚を確保するように使用量を換算する。
　　　5　工程6の無機質系防水保護塗料は，性状により工程を増やすことができる。

2.5.2表　庇，架台天端及び立上り部等の工程

工程	材　料	使用量/㎡	工　法
1	プライマー	0.2kg以上	はけ塗り又はローラー塗り
2	ウレタンゴム系塗膜防水材 （立上り用）(注)1	0.5kg	こて，ゴムベラ又ははけ塗り
3	補強布	1.1m	－
4	ウレタンゴム系塗膜防水材 （立上り用）(注)1	1.0kg	こて，ゴムベラ又ははけ塗り
5	ウレタンゴム系塗膜防水材 （立上り用）(注)1	1.0kg	こて，ゴムベラ又ははけ塗り
6	層間プライマー	0.1kg以上	はけ塗り又はローラー塗り
7	無機質系防水保護塗料(注)2	1.0kg以上	はけ塗り又はローラー塗り

（注）1　工程2，4，5のウレタンゴム系塗膜防水材の使用量は，硬化物密度が1.0Mg/㎥である材料の場合を示しており，硬化物密度がこれ以上の場合にあっては，所要塗膜厚を確保するように使用量を換算する。
　　　2　工程7の無機質系防水保護塗料は，性状により工程を増やすことができる。

2.5.3
脱気絶縁複合防水
（歩行用ウレタンゴム系全面修繕2回目以降）

2.5.3表　ウレタンゴム系塗膜防水工法・密着工法の工程（平場）

工程	材　料	使用量/㎡	工　法
1	プライマー	0.2kg以上	はけ塗り又はローラー塗り
2	ウレタンゴム系塗膜防水材(注)1,2	0.3kg	こて，ゴムベラ又ははけ塗り
3	補強布	1.1m	－
4	ウレタンゴム系塗膜防水材(注)1,2	1.5kg	こて，ゴムベラ又ははけ塗り
5	ウレタンゴム系塗膜防水材(注)1,2	1.2kg	こて，ゴムベラ又ははけ塗り
6	層間プライマー	0.1kg以上	はけ塗り又はローラー塗り
7	無機質系防水保護塗料(注)3	1.0kg以上	はけ塗り又はローラー塗り

（注）1　工程2，4，5のウレタンゴム系塗膜防水材の使用量は，硬化物密度が1.0Mg/㎥である材料の場合を示しており，硬化物密度がこれ以上の場合にあっては，所要塗膜厚を確保するように使用量を換算する。
　　　2　ウレタンゴム系塗膜防水材は，工程を増やすことができる。
　　　3　工程7の無機質系防水保護塗料は，性状により工程を増やすことができる。

2.5.4表　ウレタンゴム系塗膜防水工法・密着仕様の工程
（庇，架台天端及び立上り部等）

工程	材　料	使用量 /㎡	工　法
1	プライマー	0.2kg以上	はけ塗り又はローラー塗り
2	ウレタンゴム系塗膜防水材 （立上り用）[注]1, 2	0.3kg	こて，ゴムベラ又ははけ塗り
3	補強布	1.1m	－
4	ウレタンゴム系塗膜防水材 （立上り用）[注]1, 2	0.9kg	こて，ゴムベラ又ははけ塗り
5	ウレタンゴム系塗膜防水材 （立上り用）[注]1, 2	0.8kg	こて，ゴムベラ又ははけ塗り
6	層間プライマー	0.1kg以上	はけ塗り又はローラー塗り
7	無機質系防水保護塗料[注]3	1.0kg以上	はけ塗り又はローラー塗り

（注）1　工程2, 4, 5のウレタンゴム系塗膜防水材の使用量は，硬化物密度が1.0Mg/㎥である材料の場合を示しており，硬化物密度がこれ以上の場合にあっては，所要塗膜厚を確保するように使用量を換算する。
　　　2　ウレタンゴム系塗膜防水材は，工程を増やすことができる。
　　　3　工程7の無機質系防水保護塗料は，性状により工程を増やすことができる。

7節　バルコニー等床防水工事

2.7.1表　ウレタンゴム系塗膜防水工法の工程

工程	材　料	使用量 /㎡	工　法
1	プライマー	0.15 〜 0.25kg	はけ塗り又はローラー塗り
2	ウレタンゴム系塗膜防水材[注]1	2.0kg	こて塗り又はゴムベラ塗り
3	仕上塗料[注]2, 3	0.2kg	はけ塗り又はローラー塗り

（注）1　工程2のウレタンゴム系塗膜防水材の使用量は，硬化物密度が1.0Mg/㎥である材料の場合を示しており，硬化物密度がこれ以上の場合にあっては，所要塗膜厚を確保するように使用量を換算する。
　　　2　工程3の平場部における骨材使用量は製造所の仕様による。
　　　3　工程3の仕上塗材は，性状により工程を増やすことができる。

**2.7.3
ウレタンゴム系
塗膜防水工法
（全面修繕2回
目以降）**

2.7.2表　ウレタンゴム系塗膜防水工法2回目以降の工程

工程	材　料	使用量 /㎡	工　法
1	プライマー	0.1 ～ 0.2kg	はけ塗り又はローラー塗り
2	ウレタンゴム系塗膜防水材[注]1	1.5kg	こて塗り又は，ゴムベラ塗り
3	仕上塗料[注]2.3	0.2kg	はけ塗り又はローラー塗り

（注）1　工程2のウレタンゴム系塗膜防水材の使用量は，硬化物密度が1.0Mg/㎡である材料の場合を示しており，硬化物密度がこれ以上の場合にあっては，所要塗膜厚を確保するように使用量を換算する。
　　　2　工程3の平場部における骨材使用量は製造所の仕様による。
　　　3　工程3の仕上塗材は，性状により工程数を増やすことができる。

10節　階段室床防水工事

**2.10.2
超速硬化ウレタ
ン吹付工法
（全面修繕1回
目）**

2.10.1表　超速硬化ウレタン吹付工法の工程

工程	材　料	使用量 /㎡	工　法
1	一液性湿気硬化型のウレタンゴム系プライマー又はエポキシ系プライマー	0.15kg以上	はけ塗り又はローラー塗り
2	超速硬化ウレタン吹付け材	1.5kg	吹付け
3	仕上塗料	0.15kg	はけ塗り又はローラー塗り又は吹付け

**2.10.3
超速硬化ウレタ
ン吹付工法
（全面修繕2回
目以降）（仕上
塗料塗替え）**

2.10.2表　仕上塗料塗り替え工法の工程

工程	材　料	使用量 /㎡	工　法
1	一液性湿気硬化型のウレタンゴム系プライマー又はエポキシ系プライマー	0.1 ～ 0.15kg	はけ塗り又はローラー塗り
2	仕上塗料	0.15kg	はけ塗り又はローラー塗り

防水層の標準耐用年数
第2総プロ（第8回「建築仕上環境フォーラム」より）

建設省（現：国土交通省）は，建築物の総合技術開発プロジェクトの一環として，昭和55年度から5箇年にわたって官・学・産の協力体制で"建築物の耐久性向上技術の開発"（通称：総プロ）を実施した。その研究開発は13課題に分かれて行われて，昭和60年11月にその研究成果の概要をまとめた。さらに，昭和61年5月にその研究成果を広く普及させることを目的に「建築物の耐久性向上技術シリーズ」（発行：技報堂出版）が発刊された。

防水については「建築防水の耐久性向上技術」が発行され，その中で各メンブレン防水層の推定耐用年数を各係数で算出して"標準耐用年数"としている。

その後，ISO 15686 において"標準耐用年数"は"リファレンスサービスライフ（Reference Service Life）"と定義された。

平成22年度に，日本建築学会の材料施工委員会と"防水層劣化診断WG"の合同で，各防水工法のリファレンスサービスライフの検討・見直しが行われ，このフォーラムで以下の報告が行われた。

防水工法	リファレンスサービスライフ（2012年）	総プロでの標準耐用年数（1986年）
アスファルト保護防水	20年	17年
アスファルト露出防水	15年	13年
改質アスファルト保護防水	20年	＊
改質アスファルト露出防水	15年	＊
合成高分子系シート防水	15年	13年
ウレタンゴム系塗膜防水	15年	10年
FRP系塗膜防水	15年	＊

表中の＊は，総プロ時点ではあまり普及していなかった工法のため，標準耐用年数が算出されていない。

※この資料は，2012年3月21日に明治大学アカデミーコモンで開催された第8回「建築仕上環境フォーラム」（主催日本建築仕上学会）で，東京工業大学名誉教授田中享二先生が『防水層の維持保全』のテーマで発表された内容の抜粋です。

日本産業規格　建築用塗膜防水材
抜粋

日本産業規格

JIS
A 6021 : 2022

建築用塗膜防水材

Liquid-applied compounds for waterproofing membrane coating of buildings

1　適用範囲

この規格は，主に鉄筋コンクリート造建築物の屋根及び外壁などの防水工事に用いる塗膜防水材（以下，防水材という。）について規定する。ただし，JIS A 6909 に規定する建築用仕上塗材には適用しない。

なお，技術上重要な改正に関する新旧対照表を，附属書Ａに示す。

2　引用規格

次に掲げる引用規格は，この規格に引用されることによって，その一部又は，全部がこの規格の要求事項を構成している。これらの引用規格は，その最新版（追補を含む。）を適用する。（省略）

3　用語及び定義

この規格には，定義する用語はない。

4　種類

4.1　主要原料による区分

主要原料による区分は，次による。

a) **ウレタンゴム系**　ポリイソシアネート，ポリオール，架橋剤を主な原料とするウレタンゴムに充填材などを配合したウレタンゴム系防水材。引張強さ，伸び率，抗張積などの特性によって，高伸長形と高強度形とに区分する（表１参照）。

b) **アクリルゴム系**　アクリルゴムを主な原料とし，充填材などを配合したアクリルゴム系防水材。

c) **クロロプレンゴム系**　クロロプレンゴムを主な原料とし，充填材などを配合したクロロプレンゴム系防水材。

d) **ゴムアスファルト系**　アスファルトとゴムとを主な原料とするゴムアスファルト系防水材。

e) シリコーンゴム系 オルガノポリシロキサンを主な原料とし，充填材などを配合したシリニーンゴム系防水材。

4.2 製品形態による区分

製品形態による区分は，次による。

a) 1成分形 あらかじめ施工に供する状態に調製したもので，必要によって硬化促進剤，充填材，希釈剤などを混合して使用する防水材。

b) 2成分形 施工直前に主剤，硬化剤の2成分に，必要によって硬化促進剤，充填材，着色剤，希釈剤などを混合して使用するように調製した防水材。

4.3 適用部位による区分

適用部位による区分は，次による。

a) 屋根用 主として，屋根に用いる防水材。

なお，屋根用防水材には，次のものがある。

1) 平場用 主として平場部に用いる防水材。

2) 立上がり用 主として立上がり部に用いる防水材。

3) 共用 平場部と立上がり部との両方に用いる防水材。

b) 外壁用 主として，外壁に用いる防水材。

5 原料

防水材に用いる原料は，次による。

a) 基材 防水材の基材は，ウレタンゴム，アクリルゴム，クロロプレンゴム，ゴムアスフアルト及びオルガノポリシロキサンとする。

b) 鉱物質充填材 防水材の鉱物質充填材は，炭酸カルシウム，クレー，カーボンブラック，微粉末シリカなどとする。

c) 添加剤 防水材の添加剤は，顔料，増粘剤，老化防止剤，界面活性剤，希釈剤などとする。

6 性能

防水材の性能は，箇条7によって試験し，屋根用は表1に，外壁用は表2にそれぞれ適合しなければならない。ただし，劣化処理後の引張性能および伸び時の劣化性状における促進暴露処理は，キセノンアークランプ又はオープンフレームカーボンアークランプによる暴露試験のいずれか一方でよい。

7 試験

7.1 試験の一般条件 (省略)

7.2 試料 (省略)

7.3 塗膜作製

7.2に規定した試料を図1に示す金属製などの型枠に気泡が入らないように，表3に示す均一な塗膜厚さで成膜できるように防水材製造業者の指定する方法で充填又は塗布し，表4に示す脱型までの養生条件で養生し，塗膜を作製する。養生完了後脱型し，塗膜を裏返して表4に示す脱型後の養生条件で養生する。

表1－屋根用塗膜防水材の性能

項　目				種　類				
				ウレタンゴム系		アクリルゴム系	クロロプレンゴム系	ゴムアスファルト系
				高伸長形	高強度形			
引張性能	引張強さ	試験時温度	23℃	2.3以上	10以上	1.3以上	1.3以上	0.25以上
		試験時温度	−20℃	2.3以上	10以上	1.3以上	1.3以上	0.25以上
	N/mm²	試験時温度	60℃	1.4以上	6.0以上	0.40以上	0.40以上	—
	破断時の伸び率 %	試験時温度	23℃	450以上	200以上	300以上	450以上	600以上
	抗張積　　N/mm	試験時温度	23℃	280以上	700以上	120以上	180以上	—
	破断時のつかみ間の伸び率	試験時温度	23℃	300以上	120以上	180以上	300以上	360以上
		試験時温度	−20℃	250以上	100以上	70以上	50以上	70以上
	%	試験時温度	60℃	200以上	100以上	150以上	200以上	360以上
引裂性能	引裂強さ		N/mm	14以上	30以上	6.0以上	13以上	2.0以上
加熱伸縮性能	伸縮率		%	−4.0以上 1.0以下	−1.0以上 1.0以下	−1.0以上 1.0以下	−1.0以上 1.0以下	−4.0以上 1.0以下
劣化処理後の引張性能	引張強さ比 %	加熱処理		80以上	80以上	80以上	80以上	80以上
		促進暴露処理		60以上	60以下	80以上	80以上	—
		アルカリ処理		60以上	60以上	60以上	80以上	80以上
		酸処理		80以上	80以上	40以上	80以上	—
	破断時の伸び率 %	加熱処理		400以上	180以上	200以上	200以上	480以上
		促進暴露処理		400以上	180以上	200以上	200以上	—
		アルカリ処理		400以上	180以上	200以上	200以上	480以上
		酸処理		400以上	180以上	200以上	200以上	—
伸び時の劣化性状		加熱処理		いずれの試験片にもひび割れ及び著しい変形があってはならない。				
		促進暴露処理		いずれの試験片にもひび割れ及び著しい変形があってはならない。				—
		オゾン処理		いずれの試験片にもひび割れ及び著しい変形があってはならない。				—
たれ抵抗性能[a]		たれ長さ	mm	いずれの試験体も3.0以下。				
		しわの発生		いずれの試験体にもあってはならない。				
固形分			%	表示値±3.0				
硬化物比重				表示値±0.1		—	—	—

注[a]　平場部に用いる平場用には適用しない。

－ 157 －

資料編

表2－外壁用塗膜防水材の性能

項　目				アクリルゴム系	ウレタンゴム系	クロロプレンゴム系	シリコーンゴム系
			種　類				
引張性能	引張強さ　　N/mm²	試験時温度	23℃	1.3以上	2.3以上	1.3以上	0.40以上
		試験時温度	−20℃	1.3以上	2.3以上	1.3以上	0.40以上
		試験時温度	60℃	0.40以上	1.4以上	0.40以上	0.24以上
	破断時の伸び率　%	試験時温度	23℃	300以上	450以上	450以上	600以上
	破断時のつかみ間の伸び率　　　%	試験時温度	23℃	180以上	300以上	300以上	300以上
		試験時温度	−20℃	70以上	250以上	50以上	300以上
		試験時温度	60℃	150以上	200以上	200以上	250以上
引裂性能	引裂強さ		N/mm	6.0以上	14以上	13以上	3.0以上
加熱伸縮性能	伸縮率		%	−1.0以上	−4.0以上	−1.0以上	−1.0以上
				1.0以下	1.0以下	1.0以下	1.0以下
劣化処理後の引張性能	引張強さ比　　%	加熱処理		80以上	80以上	80以上	80以上
		促進暴露処理		80以上	60以上	80以上	80以上
		アルカリ処理		60以上	60以上	80以上	60以上
	破断時の伸び率　%	加熱処理		200以上	400以上	200以上	500以上
		促進暴露処理		200以上	400以上	200以上	500以上
		アルカリ処理		200以上	400以上	200以上	500以上
伸び時の劣化性状		加熱処理		いずれの試験片にもひび割れ及び著しい変形があってはならない。			
		促進暴露処理		いずれの試験片にもひび割れ及び著しい変形があってはならない。			
		オゾン処理		いずれの試験片にもひび割れ及び著しい変形があってはならない。			
付着性能	付着強さ　　N/mm²	無処理		0.70以上	0.70以上	0.70以上	0.30以上
		温冷繰返し処理		0.50以上	0.50以上	0.50以上	0.30以上
耐疲労性能				いずれの試験片にも塗膜の穴あき・裂け・破断があってはならない。			
たれ抵抗性能		たれ長さ	mm	いずれの試験体も3.0以下。			
		しわの発生		いずれの試験体にもあってはならない。			
固形分			%	表示値±3.0			

　なお，塗膜作製時に露出していた面をおもて面，型枠の底板に接していた面をうら面とする。型枠に用いるせき枠及び底板は，反りがなく，かつ，平滑面で，成膜後の塗膜が，容易に脱型できるように処理したものがよい。

単位 ㎜

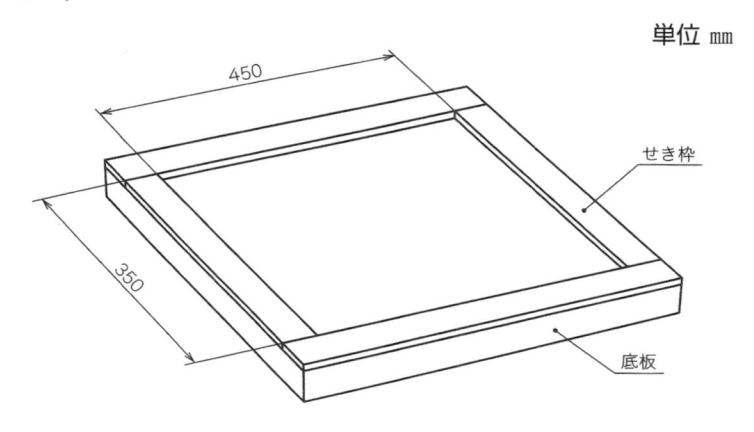

図1－ 塗膜作製用型枠の例

表3－ 塗膜厚さ

単位 ㎜

主要原料による区分	塗膜厚さ
ウレタンゴム系	約2

表4－ 養生条件

主要原料による区分	脱型までの養生条件	脱型後の養生条件
ウレタンゴム系	温度23℃±2 ℃，相対湿度(50±10)％で96時間	温度23℃±2℃，相対湿度(50 ±10)％で72 時間以上

7.4　試験片（省略）

7.5　試験体（省略）

7.6　引張性能試験

7.6.1　23℃における引張性能試験

7.6.1.1　引張試験機

　引張試験機は，試験時の最大引張力が引張試験機の能力の15 ～ 85％の範囲になるものとし，引張力及び変位の自動記録装置並びに設定温度に対して±2℃で温度調節できる恒温槽を備えたものとする。引張速度は，500㎜ /min 又は200㎜ /min に調節でき，試験片の標線間距離の8倍以上引っ張れるものとする。

7.6.1.2　試験片（省略）

7.6.1.3　試験手順

　試験手順は，次による。

a) **7.6.1.2**に規定した試験片を温度23℃±2℃，相対湿度（50±10）％に1時間以上静置後，温度23℃±2℃，相対湿度（50±10）％で**7.6.1.1**に規定した引張試験機につかみ間距離（L_0）が60mmになるように取り付け，**表7**に示す引張速度で試験片が破断するまで引っ張る。

表7 - 引張速度

単位 mm／min

主要原料による区分	引張速度
ウレタンゴム系	500

b) 引張試験機に附属する引張力及び変位の自動記録装置から最大となる引張力を読み取る。この値を最大引張力（P_B）とする。

c) a) に規定した手順において，破断時の標線間距離は，JIS K 6251 の13.3（引張強さ，切断時引張強さ及び切断時伸びを求めるための測定）によって測定し，その値を破断時の標線間距離（L_H）とする。

d) a) の試験結果（チャートなどの記録）から，破断時のつかみ間距離の変位量を読み取り，その値を破断時の変位量（L_C）とする。

e) 試験片の並行部の断面積（A）は，**7.4 b) 1)** で測定した試験片の厚さ（t）及び試験片の並行部の幅寸法から算出する。

f) 引張強さ（T_B）は，b) で求めた最大引張力（P_B）を用いて，式(1)によって算出し，試験片3個の平均値を有効数字2桁で示す。

$$T_B = \frac{P_B}{A} \qquad \cdots\cdots\cdots\cdots\cdots\cdots\cdots\cdots\cdots\cdots\cdots\cdots\cdots\cdots\cdots\cdots\cdots\cdots\cdots\cdots\cdots \quad (1)$$

ここで，　T_B：引張強さ（N/mm²）

P_B：最大引張力（N）

A：試験片の断面積（mm²）

ダンベル状2号形（幅10mm）の場合：$A = 10 \times t$（mm²）

ダンベル状3号形（幅5mm）の場合：$A = 5 \times t$（mm²）

ただし，t：試験片の厚さ（mm）

g) 破断時の伸び率（E）は，c) で求めた破断時の標線間距離（L_H）及び**7.4 b) 2)** で標線付けした標線間距離（L_{H0}）を用いて，式(2)によって算出し，試験片3個の平均値を丸めの幅：10で示す。

$$E = \frac{L_H - L_{H0}}{L_{H0}} \times 100 \qquad \cdots\cdots\cdots\cdots\cdots\cdots\cdots\cdots\cdots\cdots\cdots\cdots\cdots\cdots\cdots\cdots\cdots \quad (2)$$

ここに，　E：破断時の伸び率（％）

L_{H0}：標線間距離（20mm）

L_H：破断時の標線間距離（mm）

h）抗張積 (T_P）は，f）で求めた引張強さ (T_B），c）で求めた破断時の標線間距離 (L_H）及び7.4 b) 2) で標線付けした標線間距離 (L_{H0}）を用いて，式(3)によって算出し，試験片3個の平均値を丸めの幅：10で示す。

$$T_P = T_B \times (L_H - L_{H0}) \quad \cdots\cdots\cdots\cdots\cdots\cdots\cdots\cdots\cdots\cdots\cdots\cdots\cdots\cdots\cdots \quad (3)$$

ここで，　　T_P：杭張積（N/mm）

T_B：引張強さ（N/mm²）

L_{H0}：標線間距離（20mm）

L_H：破断時の標線間距離（mm）

i ）破断時のつかみ間の伸び率 (E_C）は，d）で求めた破断時の変位量 (L_C）を用いて，式(4)によって算出し，試験片3個の平均値を丸めの幅：10で示す。

$$E_C = \frac{L_C}{L_0} \times 100 \quad \cdots\cdots\cdots\cdots\cdots\cdots\cdots\cdots\cdots\cdots\cdots\cdots\cdots\cdots \quad (4)$$

ここに，　　E_C：破断時のつかみ間の伸び率（%）

L_0：つかみ間距離（60mm）

L_C：破断時の変位量（mm）

7.6.2　−20℃及び60℃における引張性能試験

7.6.2.1　引張試験機（省略）

7.6.2.2　試験片（省略）

7.6.2.3　試験手順

試験手順は，次による。

a ）7.6.2.2に規定した試験片を−20℃±2℃及び60℃±2℃の温度条件又は7.6.2.1に規定した引張試験機に附属する恒温槽で同温度に1時間以上静置した後，試験片を恒温槽の温度を−20℃±2℃又は60℃±2℃の試験温度に調節した7.6.2.1に規定した引張試験機につかみ間距離 (L_0）が60mmになるように取り付け，表7に示す引張速度で試験片が破断するまで引っ張る。

b ）引張試験機に附属する引張力及び変位の自動記録装置から最大となる張力を読み取り，その値を最大張力 (P_B）とする。

c ）a) の試験結果（チャートなどの記録）から，破断時のつかみ間距離の変位量を読み取り，その値を破断時の変位量 (L_C）とする。

d ）試験片の断面積は，7.6.1.3 e ）による。

e ）−20℃及び60℃の温度における引張強さは，7.6.1.3 f ）による。

f ）−20℃及び60℃の温度における破断時のつかみ間の伸び率は，7.6.1.3 i ）による。

7.7 引裂性能試験

7.7.1 引張試験機

引張試験機は, **7.6.1.1** による。

7.7.2 試験片 (省略)

7.7.3 試験手順

試験手順は, 次による。

a) **7.7.2** に規定した試験片を温度23℃±2℃, 相対湿度 (50±10) %に1時間以上静置後, 温度23℃±2℃, 相対湿度 (50℃±10) %で**7.7.1**に規定した引張試験機に取り付け, **表7**に示す引張速度で破断するまで引っ張る。引張試験機に附属する引張力及び変位の自動記録装置から最大となる引裂力を読み取り, その値を最大引裂力 (P_T) とする。

b) 試験片の厚さは, **7.4 b) 1)** によって測定し, その値を試験片の厚さ (t) とする。

c) 引裂強さ (T_T) は, 式 (5) によって算出し, 試験片3個の平均値を有効数字2桁で示す。

$$T_T = \frac{P_T}{t} \quad \cdots\cdots\cdots\cdots\cdots\cdots\cdots\cdots\cdots\cdots\cdots\cdots\cdots\cdots\cdots\cdots\cdots\cdots\cdots \quad (5)$$

ここに, T_T：引裂強さ (N/mm)
P_T：最大引裂力 (N)
t：試験片の厚さ (mm)

7.8 加熱伸縮性能試験

7.8.1 試験機器

試験機器は, 次による。

a) 測長器　測長器は, JIS B 7516 に規定する目量が0.5mm以下の金属製直尺又はこれと同等な目量のもの。

b) 加熱試験機　加熱試験機は, JIS K 6257 の4.3 [強制循環形熱老化試験機 (縦風式)] に規定するもの又はこれと同等の性能をもつもの。

7.8.2 試験片 (省略)

7.8.3　試験手順

試験手順は，次による。

a）**加熱処理前の長さの測定**　試験片を温度23℃±2℃，相対湿度（50±10）%に24時間以上静置し，試験片の中央部の長さを7.8.1 a）に規定した測長器を用いて測定し，その値を加熱処理前の長さ（L_0）とする。加熱処理前の長さ（L_0）の測定位置を，図3に示す。

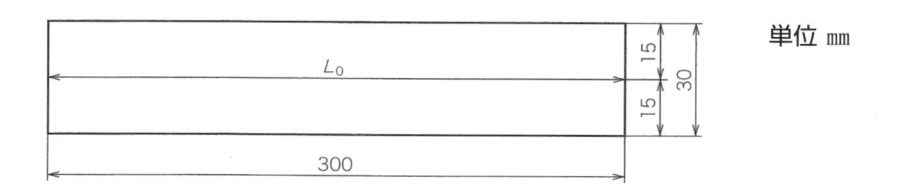

単位 mm

図3－ 加熱処理前の長さ（L_0）の測定位置

b）**加熱処理後の長さの測定**　試験片を表8に示す温度に調節した加熱試験機内で粘着防止用粉末を打粉した離型紙上に塗膜おもて面を上にして168時間水平に静置する。次いで，加熱試験機から試験片を取り出して温度23℃±2℃，相対湿度（50±10）%に4時間以上静置した後，a）で測定した同一箇所を7.8.1 a）に規定した測長器を用いて測定し，その値を加熱処理後の長さ（L_1）とする。

表8－ 加熱条件

単位 ℃

主要原料による区分	加熱温度
ウレタンゴム系	80 ± 2

c）**伸縮率**　試験片の加熱処理前の長さ（L_0）に対する伸縮率（S）は，式(6)によって計算し，試験片3個の平均値を丸めの幅：0.1で示す。

$$S = \frac{L_1 - L_0}{L_0} \times 100 \quad \cdots\cdots\cdots\cdots\cdots\cdots\cdots\cdots\cdots\cdots\cdots\cdots \quad (6)$$

ここに，　　S：伸縮率（%）
　　　　　　L_0：加熱処理前の長さ（mm）
　　　　　　L_1：加熱処理後の長さ（mm）

7.9 劣化処理後の引張性能試験

7.9.1 試験機器

試験機器は，次による。

a）加熱試験機は，**7.8.1 b）**による。

b）促進暴露試験装置は，JIS K 7350-2の箇条4（装置）又はJIS K 7350-2の箇条4（装置）による。

7.9.2 試験片（省略）

7.9.3 試験片の処理

試験片の処理は，次による。

a）加熱処理は，JIS K 6257の8.2（促進老化試験）による。ただし，試験片が変形するものについては，試験片を離型紙などの上に塗膜おもて面を上にして水平に置いて加熱する。加熱温度は表8に示す温度とし，加熱時間は168時間とする。加熱後の試験片を，温度23℃±2℃，相対湿度（50±10）％に4時間以上静置する。

b）促進暴露処理は，JIS A 1415の6.1（キセノンアークランプによる暴露試験方法）又はJIS A 1415の6.2（オープンフレームカーボンアークランプによる暴露試験方法）による。ただし，ブラックパネル温度計の指示温度は63℃±3℃，スプレーサイクルは120分中18分，試験時間は，キセノンアークランプの場合には，325時間，オープンフレームカーボンアークランプの場合は，250時間とする。試験片に影響を与えない非粘着処理した長さ約150mm，幅約70mm，厚さ約1mmのアルミニウム合金製の支持板に試験片の上下端をひも（紐）などでくくりつけて固定する。1枚の支持板には，並列2個の試験片を固定し，試験片の標線間部分ができるだけ支持板の中央部に位置するよう調整する。試験片を取り付けた支持板を，塗膜おもて面が光源側に向くように試料ホルダに固定し，促進暴露処理を行う。暴露後の試験片を，温度23℃±2℃，相対湿度（50±10）％に4時間以上静置する。

c）アルカリ処理は，温度23℃±2℃のJIS K 8576に規定する水酸化ナトリウム特級品の0.1%水溶液中に，JIS K 8575に規定する水酸化カルシウム特級品を飽和させ，その溶液400ml中に試験片3個を168時間浸せきする。浸せき後の試験片は十分水洗し，乾いた布で拭き，ウレタンゴム系，クロロプレンゴム系及びシリコーンゴム系は，温度23℃±2℃，相対湿度（50±10）％に4時間以上静置し，アクリルゴム系及びゴムアスファルト系は，50℃～60℃で6時間以上乾燥した後，温度23℃±2℃，相対湿度（50±10）％に4時間以上静置する。

d）酸処理は，温度23℃±2℃のJIS K 8951に規定する硫酸特級品の2%溶液400ml中に試験片3個を168時間浸せきする。浸せき後の試験片は十分水洗し，乾いた布で拭き，ウレタンゴム系，クロロプレンゴム系及びシリコーンゴム系は，温度23℃±2℃，相対湿度（50±10）％に4時間以上静置し，アクリルゴム系は，50℃～60℃で6時間以上乾燥した後，温度23℃±2℃，相対湿度（50±10）％に4時間以上静置する。

7.9.4 試験手順

試験手順は，次による。

a）**加熱処理した試験片の引張強さ比** 加熱処理した試験片の引張強さは，**7.6.1.3 a）～7.6.1.3 f）**の手順によって求めた値を加熱処理後の引張強さ（T_D）とする。また，加熱処理前の試験片の引張強さは，**7.6.1**による23℃における引張特性の引張強さ（T_B）とする。加熱処理した試験片の引張強さ比（R_T）は，式（7）によって算出し，試験片3個の平均値を丸めの幅：1で示す。

b）**促進暴露処理した試験片の引張強さ比**　促進暴露処理した試験片の引張強さは，7.6.1.3 a）〜7.6.1.3 f）の手順によって求めた値を促進暴露処理後の引張強さ（T_D）とする。また，促進暴露処理前の試験片の引張強さは，7.6.1による23℃における引張特性の引張強さ（T_B）とする。促進暴露処理した試験片の引張強さ比（R_T）は，式（7）によって算出し，試験片3個の平均値を丸めの幅：1で示す。

c）**アルカリ処理した試験片の引張強さ比**　アルカリ処理した試験片の引張強さは，7.6.1.3 a）〜7.6.1.3 f）の手順によって求めた値をアルカリ処理後の引張強さ（T_D）とする。また，アルカリ処理前の試験片の引張強さは，7.6.1による23℃における引張特性の引張強さ（T_B）とする。アルカリ処理した試験片の引張強さ比（R_T）は，式（7）によって算出し，試験片3個の平均値を丸めの幅：1で示す。

d）**酸処理した試験片の引張強さ比**　酸処理した試験片の引張強さは，7.6.1.3 a）〜7.6.1.3 f）の手順によって求めた値を酸処理後の引張強さ（T_D）とする。また，酸処理前の試験片の引張強さは，7.6.1による23℃における引張特性の引張強さ（T_B）とする。酸処理した試験片の引張強さ比（R_T）は，式（7）によって算出し，試験片3個の平均値を丸めの幅：1で示す。

$$R_T = \frac{T_D}{T_B} \times 100 \quad \cdots\cdots\cdots (7)$$

ここに，　R_T：引張強さ比（%）
T_D：劣化処理後の引張強さ（N/m㎡）
T_B：引張強さ（N/m㎡）

e）加熱処理した試験片の破断時の伸び率は，7.6.1.3 g）による。

f）促進暴露処理した試験片の破断時の伸び率は，7.6.1.3 g）による。

g）アルカリ処理した試験片の破断時の伸び率は，7.6.1.3 g）による。

h）酸処理した試験片の破断時の伸び率は，7.6.1.3 g）による。

7.10　伸び時の劣化性状試験

7.10.1　試験機器

試験機器は，次による。

a）加熱試験機は，7.8.1 b）による。

b）促進暴露試験装置は，7.9.1 b）による。

c）オゾン劣化試験装置は，JIS K 6259-1の箇条5（試験装置）に規定する静的オゾン劣化試験用装置。

d）保持具は，試験片の標線間の伸び率を100%まで伸長して保持できるつかみをもち，伸長保持した状態で塗膜表面を拡大鏡で観察することができ，かつ，試験のとき，腐食しないもの。

e）拡大鏡は，8倍の倍率のもの。

7.10.2　試験片（省略）

7.10.3　試験片の処理

試験片の処理は，次による。

a）加熱処理は，7.10.1 d）の保持具を用いて，試験片の標線間距離40㎜を80㎜になるように伸長して保持し，鉛直にして温度23℃±2℃，相対湿度（50±10）%で24時間静置する。次に，その試験片付き保持具を7.10.1 a）に規定した加熱試験機内に鉛直にして，**表8**に示す温度で168時間加熱する。

b）促進暴露処理は，**7.10.1 d)** の保持具を用いて，試験片の標線間距離40㎜を60㎜になるように伸長して保持し，鉛直にして温度23℃±2℃，相対湿度（50±10）％で24時間静置する。次に，その試験片付き保持具を，塗膜おもて面が光源側に向くように**7.10.1 b)** に規定した促進暴露試験装置に入れ，JIS A 1415の**6.1**（キセノンアークランプによる暴露試験方法）又はJIS A 1415の**6.2**（オープンフレームカーボンアークランプによる暴露試験方法）によって促進暴露処理する。ただし，ブラックパネル温度計の指示温度は63℃±3℃，スプレーサイクルは120分中18分，試験時間はキセノンアークランプの場合には325時間，オープンフレームカーボンアークランプの場合は250時間とする。

c）オゾン処理は，**7.10.1 d)** の保持具を用いて，試験片の標線間距離40㎜を56㎜になるように伸長して保持し，鉛直にして温度23℃±2℃，相対湿度（50±10）％で24時間静置する。次に，その試験片付き保持具をオゾン濃度75pphm±7.5pphm，温度40℃±2℃に調節した**7.10.1 c)** に規定したオゾン劣化試験装置内に試験片相互間隔を上下・左右50㎜以上，内壁から50㎜以上離して鉛直にして168時間静置する。

7.10.4 試験手順

試験手順は，次による。

a）加熱処理後，試験片を保持具に付けた状態で鉛直にして温度23℃±2℃，相対湿度（50±10）％に4時間以上静置した後，試験片を保持具に付けたまま，目視による試験片の変形の有無及び**7.10.1 e)** に規定した拡大鏡による塗膜おもて面のひび割れの有無を観察する。

b）促進暴露処理後，試験片を保持具に付けた状態で鉛直にして温度23℃±2℃，相対湿度（50±10）％に4時間以上静置した後，試験片を保持具に取り付けたまま，目視による試験片の変形の有無及び**7.10.1 e)** に規定した拡大鏡による塗膜おもて面のひび割れの有無を観察する。

c）オゾン処理後，試験片を保持具に付けた状態で鉛直にして温度23℃±2℃，相対湿度（50±10）％に4時間以上静置した後，試験片を保持具に取り付けたまま，目視による試験片の変形の有無及び**7.10.1 e)** に規定した拡大鏡による塗膜おもて面のひび割れの有無を観察する。

7.11 付着性能試験

7.11.1 試験機器

試験機器は，次による。

a）引張試験機　引張試験機は，**7.6.1.1**に規定した引張試験機で引張速度を，2㎜/minに調節できるもの。

b）恒温槽A　恒温槽Aは，恒温槽内の温度を−20℃±2℃に調節できるもの。

c）恒温槽B　恒温槽Bは，恒温槽内の温度を50℃±2℃に調節できるもの。

7.11.2 試験体（省略）

7.11.3 温冷繰返し処理

7.11.1 a) に規定した試験体を23℃±2℃の水中に18時間浸せきした後，直ちに**7.11.1 b)** に規定した温度−20℃±2℃に調節した恒温槽Aに入れて3時間冷却する。次に，**7.11.1 c)** に規定した温度50℃±2℃に調節した恒温槽Bに入れて3時間加温する。この処理時間である24時間を1サイクルとした操作を10回繰り返した後，温度23℃±2℃，相対湿度（50±10）％に48時間以上静置する。

繰返し操作の途中で試験を中断する場合は，加温3時間終了後とし，試験片は温度23℃±2℃，相対湿度（50±10）％に静置しておく。

なお，試験期間は3週間を超えてはならない。

7.11.4 試験手順

試験手順は，次による。

a）**7.11.2 a）** に規定した試験体及び**7.11.3**で温冷繰返し処理を施した試験体を水平な試験台上に保持し，塗膜面のほぼ中央に接着剤を塗り，**図4**に示す引張用鋼製アタッチメントを静かに載せ，軽くすりつけるように接着する。さらに，引張用鋼製アタッチメントの上に質量約1kgのおもりを載せ，周辺にはみ出した接着剤を丁寧に取り除き，温度23℃±2℃，相対湿度（50±10）%で24時間以上静置する。

なお，引張用鋼製アタッチメントの取付けに用いる接着剤は，塗膜に浸透しにくい高粘度のもの，例えば，無溶剤形のエポキシ樹脂接着剤がよい。

b）引張用鋼製アタッチメントからおもりを取り除き，引張用鋼製アタッチメントの側面4辺に接して鋭利な刃物を用いて塗膜を下地面に達するまで切断する。次いで，**図5及び図6**に示す引張用鋼製器具及び鋼製当て板を用いて，**図7**に示すように試料面に対し垂直方向に**7.11.1 a）** に規定した引張試験機を用いて2mm/minの引張速度で試験体が破壊するまで引っ張る。引張試験機に附属する引張力及び変位の自動記録装置から最大となる引張力を読み取り，その値を最大引張力（P_A）とする。

なお，引張用鋼製アタッチメント及び引張用鋼製器具を引っ張るつかみ金具は自動調心されるものが望ましい。

c）無処理の試験体及び温冷繰返し処理後の試験体の付着強さ（T_A）は，式(8)によって算出し，それぞれ試験体3個の平均値を有効数字2桁で示す。

$$T_A = \frac{P_A}{A_A} \quad \cdots\cdots\cdots\cdots\cdots\cdots\cdots\cdots\cdots\cdots\cdots\cdots\cdots\cdots\cdots\cdots\cdots\cdots\cdots\cdots\cdots \quad (8)$$

ここに，　T_A：付着強さ（N/㎟）

P_A：最大引張力（N）

A_A：接着面の面積（1600㎟）　**単位 ㎜**

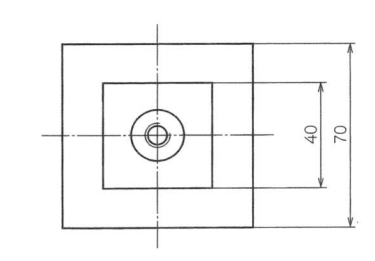

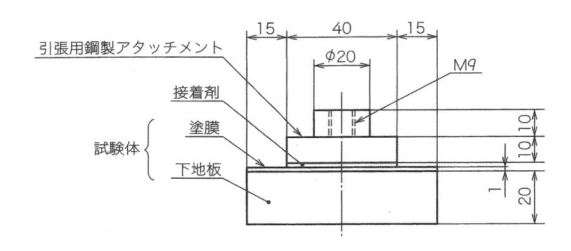

図4－ 引張用鋼製アタッチメントの例

単位 ㎜

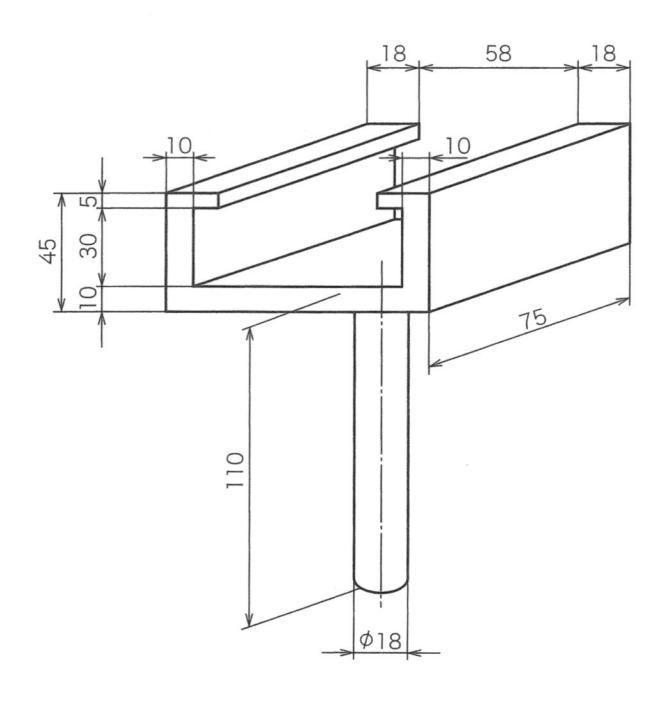

図5－ 引張用鋼製器具の例

単位 ㎜

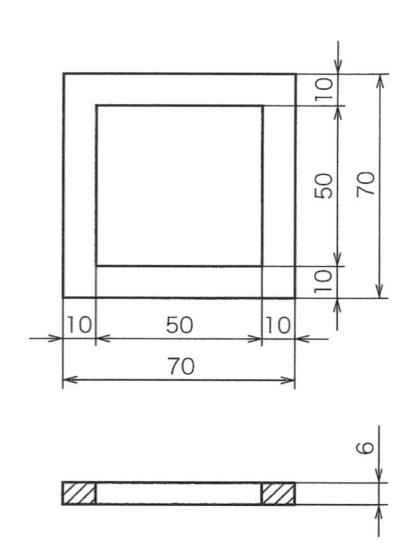

単位 ㎜

図6- 鋼製当て板の例

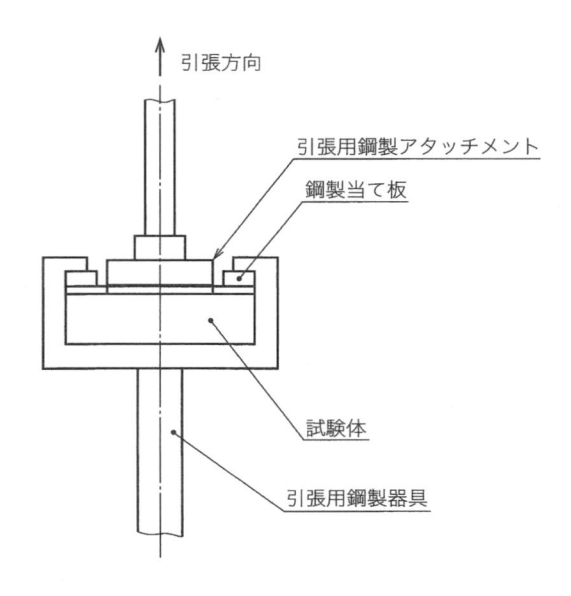

図7- 付着性能の試験方法

7.12 耐疲労性能試験
7.12.1 疲労試験機
　疲労試験機は，**7.5.2**に規定した試験体の下地板を平面に保ちながら，下地板の亀裂に所定の大きさの拡大縮小を発生させ，かつ，その回数を制御できる装置[1)]で，試験体を温度－10℃±2℃に調節できる恒温槽に収納できるもの。
　注[1)]　繰り返しが可能な引張試験機を利用する場合には，試験体の下地板を平面に保つガイドを設け，ロードセル（検力器）側のつかみ金具を固定するなどの処置が必要である。
7.12.2 試験体 (省略)
7.12.3 試験手順
　試験手順は，次による。
a) **7.12.2 a)** に規定した試験体の折り曲げは，せき枠を外し，**図8**に示すように，幅が50㎜になるよう長手方向に沿って塗膜に鋭利な刃物で下地板に達するまで切り込みを入れる。次いで，**図9**に示すように，試験体の塗膜面を上にして長手方向の両端を板厚約4㎜のスペーサで支持して試験台上に置き，塗膜をきずつけないよう下地板中央両端部を指で軽く加圧して，下地板に亀裂を発生させる。

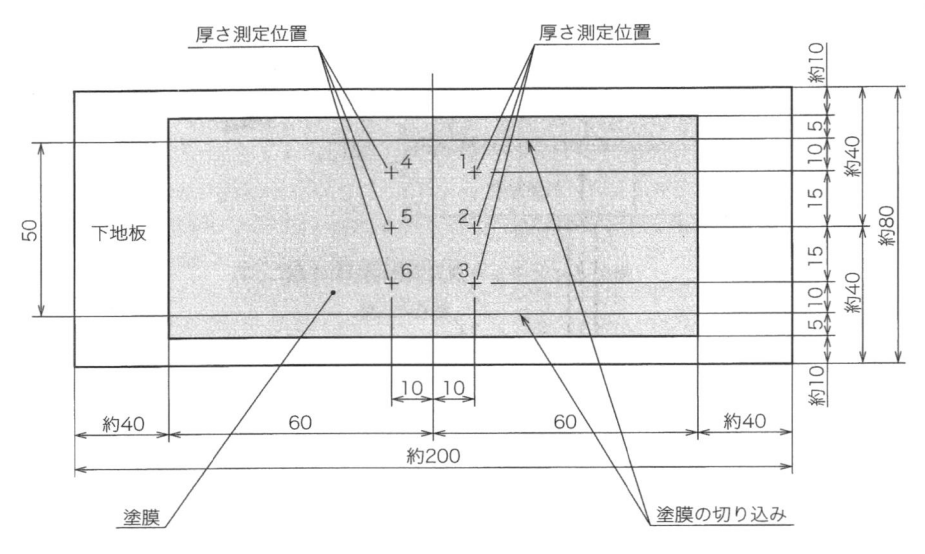

図8- 塗膜の切り込み

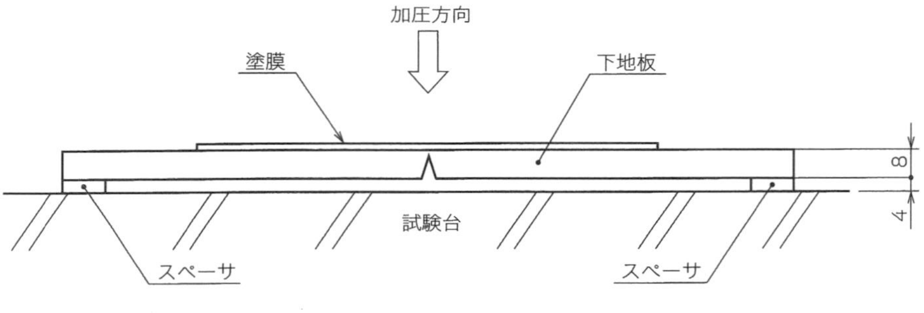

図9- 試験体の折り曲げ

b）疲労試験は，試験体を7.12.1に規定した疲労試験機に固定し，疲労試験機を温度-10℃±2℃の恒温槽に1時間以上静置する。次いで，その温度で下地板の亀裂幅を2.5㎜まで拡大し，亀裂幅2.5㎜を0.5㎜まで縮小させる。この拡大・縮小を5回/minの速度で2000回繰り返した後，亀裂幅を2.5㎜に拡大した状態で，塗膜の穴あき，裂け，破断などの欠陥の有無を目視で観察する。

7.13　たれ抵抗性能試験

7.13.1　試験枠の作製

試験枠の作製は，次による。

a）試験枠の下地板には，JIS A 5430に規定した厚さ5㎜のフレキシブル板を長さ400㎜，幅約200㎜に切

断したものを用いる。

b）a）に規定した下地板の平滑面の周囲に**図10**に示すように幅約10㎜，厚さ2㎜のせき枠A及びせき枠Bを
　張り付けたものを試験枠とする。

7.13.2　試験体の作製

　試験体は，水平に設置した**7.13.1**に規定した試験枠の下地板上に，**7.2**に規定した試料を気泡が入ら
ないように流し込み，速やかに**図10**に示すせき枠の表面に沿って，全面を丁寧にならしたものとする。
また，試験体の数量は，3個とする。

7.13.3　試験手順

　試験手順は，次による。

a）**7.13.2**の試験体のせき枠Bを外し，この部分が下になるよう鉛直に保持し，温度23℃±2℃，相対
　湿度（50±10）％で24時間静置する。

b）**図10**に示すたれ長さを**7.8.1 a）**に規定した測長器を用いて，丸めの幅：0.1で測定する。

c）試験体の塗膜のしわの有無を目視で観察する。

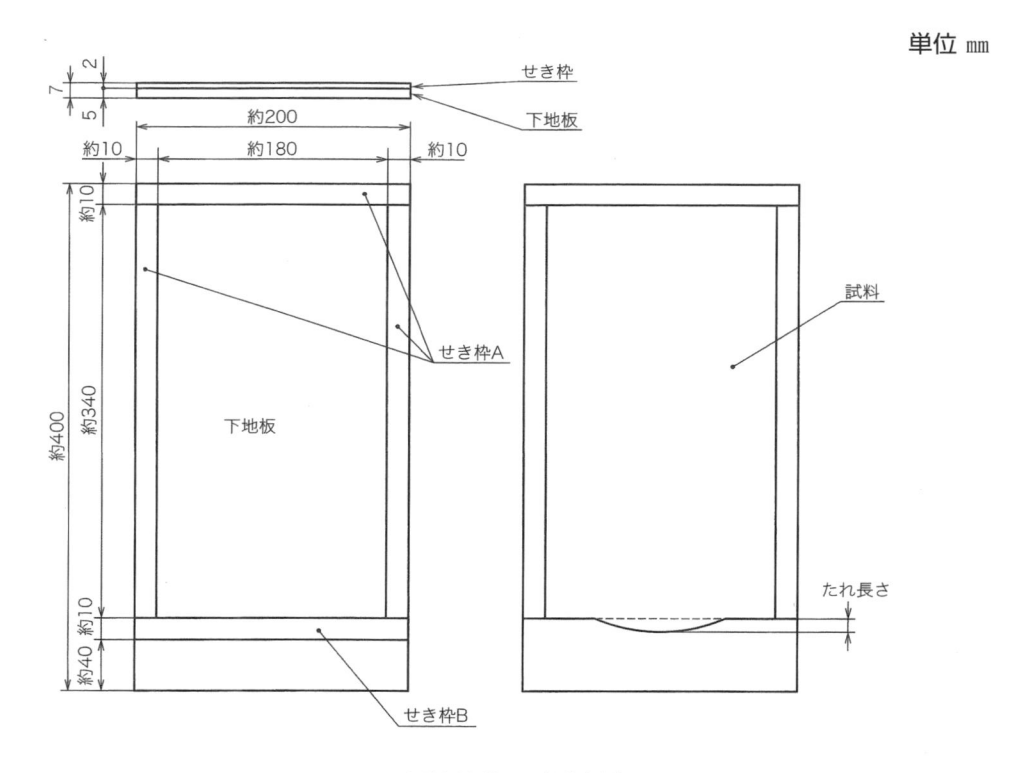

図10－　たれ抵抗性能の試験方法

7.14　固形分試験（省略）

7.15　硬化物比重

7.15.1　一般

　硬化物比重は，JIS Z 8807の箇条6（比重瓶による密度及び比重の測定方法）又は箇条8（液中ひょう

量法による密度及び比重の測定方法）による。

7.15.2 試験機器

試験機器は，JIS Z 8807の6.2（測定に用いる器具）又は8.2（測定に用いる器具）による。

7.15.3 試験片

試験片は，表面が滑らかで，隙間，ごみの付着などがなく，質量が少なくとも2.5gの1個のゴム片とする。ただし，試験片の数量は，3個とする。

7.15.4 試験手順

試験手順は，次による。

a） 硬化物比重の測定は，JIS Z 8807の6.3（測定）又は8.3（測定）のいずれかによる。

b） 硬化物比重は，JIS Z 8807の6.4（計算）又は8.4（計算）のいずれかによって算出し，3個の測定値の平均値を丸めの幅：0.1で示す。

c） 比重は，単位のない無次元数である。

8 検査（省略）

9 表示

製品には1缶ごとに，見やすい箇所に次の事項を表示する。

a） 規格名称又は規格番号

b） 種類〔例 屋根用ウレタンゴム系高伸長形平場用2成分形〕

c） 正味質量

d） 製造年月日

e） 製造業者名又は略号

f） 施工可能な最低温度

g） 固形分

h） 硬化物比重

i） 2成分形防水材は，成分の種類及び混合比（例 主剤，主剤：硬化剤＝1：1）

附属書A（省略）

消防法（危険物）

1．危険物の類別

　消防法は，火災を予防・警戒・鎮圧し，国民の生命・身体・財産を保護するとともに，火災・地震等の災害による被害を軽減することを目的とする法律である。

　危険物とは，消防法別表第一の品名欄に掲げる物品で，定められた区分に応じ同表の性質欄に掲げる性状を有するものと定義されている。

　表1に危険物の類別と性質を示す。

表1　危険物の類別と性質

類　別	性　質	性質等の概要
第一類	酸化性固体	固体であって，そのもの自体は燃焼しないが，他の物質を強く酸化させる性質を有し，可燃物と混合したとき，熱，衝撃，摩擦によって分解し，極めて激しい燃焼をおこさせる危険性を有するもの。
第二類	可燃性固体	火炎によって着火しやすい固体又は比較的低温（40度未満）で引火しやすい固体であり，出火しやすく，かつ，燃焼が速く，消火することが困難であるもの。
第三類	自然発火性物質及び禁水性物質	空気にさらされることにより自然に発火する危険性を有し，又は水と接触して発火し若しくは可燃性ガスを発生するもの。
第四類	引火性液体	液体であって，引火性を有するもの。引火点250度未満のもの。
第五類	自己反応性物質	固体又は液体であって，加熱分解などにより，比較的低い温度で多量の熱を発生し，又は爆発的に反応が進行するもの。
第六類	酸化性液体	液体であって，そのもの自体は燃焼しないが，混在する他の可燃物の燃焼を促進する性質を有するもの。

2．危険物の指定数量

　危険物類別の中で，ウレタン建材製品と最も関係のある第四類について，その品名と指定数量を表2に示す。

表2 第四類品名と指定数量

類 別	品 名	性 状	指定数量
第四類	特殊引火物		50ℓ
	第一石油類	非水溶性液体	200ℓ
		水溶性液体	400ℓ
	アルコール類		400ℓ
	第二石油類	非水溶性液体	1,000ℓ
		水溶性液体	2,000ℓ
	第三石油類	非水溶性液体	2,000ℓ
		水溶性液体	4,000ℓ
	第四石油類		6,000ℓ
	動植物油類		10,000ℓ

　指定数量以上の危険物を作業現場で臨時に貯蔵したり，取り扱う場合には所轄の消防本部または消防署長に，また，消防本部等のない市町村では市町村長に申請して，仮貯蔵や取扱いの承認を受ける必要がある。

　危険物品名を異にする2以上の危険物を同一の場所で貯蔵したり取り扱う場合には，品名ごとの数量をそれぞれの指定数量で除して，その商の和が1以上となるときは，指定数量以上の危険物を貯蔵し，又は取り扱っているものとみなされる。

3．指定可燃物

　指定可燃物とは，「わら製品，木毛その他の物品で火災が発生した場合にその拡大が速やかであり，又は消火の活動が著しく困難となるものとして政令で定めるもの」をいう。指定可燃物その他指定可燃物に類する物品の貯蔵および取扱いの基準は，市町村条例で定められている。(法第9条の4)

　また，「政令で定めるもの」として「危険物の規制に関する政令別表第4の品名欄に掲げる物品で，同表の数量欄に定める数量以上のもの」が定められている。(危令第1条の12) その一覧表は**表3**のようになる。

表3 指定可燃物の分類

品 名	数 量	品 名		数 量
綿花類	200kg	可燃性固体類		3000kg
木毛及びかんなくず	400kg	石炭・木炭類		10000kg
ぼろ及び紙くず	1000kg	可燃性液体類		2㎥
糸類	1000kg	木材加工品及び木くず		10㎥
わら類	1000kg	合成樹脂類	発泡させたもの	20㎥
再生資源燃料	1000kg		その他のもの	3000kg

（危令別表第4備考）

⑴　綿花類とは，不燃性又は難燃性でない綿状又はトップ状の繊維及び麻糸原料をいう。

⑵　ぼろ及び紙くずは，不燃性又は難燃性でないもの（動植物油が染み込んでいる布又は紙及びこれ

らの製品を含む) をいう。

(3) 糸類とは, 不燃性又は難燃性でない糸 (糸くずを含む) 及び繭をいう。

(4) わら類とは, 乾燥わら, 乾燥藺及びこれらの製品並びに干し草をいう。

(5) 再生資源燃料とは, 資源の有効な利用の促進に関する法律 (平成3年法律第48号) 第2条第4項に規定する再生資源を原材料とする燃料をいう。

(6) 可燃性固体類とは, 固体で次のイ, ハ又はニのいずれかに該当するもの (1気圧において, 温度20度を超え, 40度以下の間において液状となるもので, 次のロ, ハ又はニのいずれかに該当するものを含む) をいう。

　　イ. 引火点が40度以上100度未満のもの

　　ロ. 引火点が70度以上100度未満のもの

　　ハ. 引火点が100度以上200度未満で, かつ, 燃焼熱量が34キロジュール毎グラム以上であるもの

　　ニ. 引火点が200度以上で, かつ, 燃焼熱量が34キロジュール毎グラム以上であるもので, 融点が
　　　　100度未満のもの

(7) 石炭・木炭類には, コークス, 粉状の石炭が水に懸濁しているもの, 豆炭, 練炭, 石油コークス, 活性炭及びこれらに類するものを含む。

(8) 可燃性液体類とは, 次に掲げるものをいう。

①法別表第1備考第14号の, 塗料類その他の物品であって, 組成等を勘案して第2石油類から除くと総務省令で定めるもので, (21℃≦FP<70℃)液状である。
②法別表第1備考第15号の, 塗料類その他の物品であって, 組成等を勘案して第3石油類から除くと総務省令で定めるもので, (70℃≦FP<200℃)1気圧において温度20℃で液状であるもの。
③法別表第1備考第16号の, 塗料類その他の物品であって, 組成等を勘案して第4石油類から除くと総務省令で定めるもので, (200℃≦FP)1気圧において温度20℃で液状であるもの。
④法別表第1備考第17号の, 動植物油類であって, 動植物油類から除くと総務省令で定めるところにより貯蔵保管されているもので, (FP<250℃)1気圧において温度20℃で液状であるもの。
⑤引火性液体の性状を有する物品(1気圧において温度20℃で液状であるものに限る)で, 1気圧において引火点が250℃以上のもの。

　　上記①の総務省令で定めるもの

　　　可燃性液体量≦40%　　引火点≧40℃　　燃焼点≧60℃

　　上記②③の総務省令で定めるもの

　　　可燃性液体量≦40%

　　上記④の総務省令で定めるもの

　　ア. 屋外タンクの貯蔵所, 屋内タンク貯蔵所, 地下タンク貯蔵所の政令基準の一部に適合するタンクに, 加圧しないで, 常温で貯蔵保管されているもの。

　　イ. 運搬容器適合品であって, 収納する物品の通称名, 数量及び「火気厳禁」又は, これと同一の意味を有する他の表示を容器の外部に施したものに, 収納基準に従って収納され, 貯蔵保管されているもの。

　　　　(出典:危険物の規制に関する規則 第1条の3の5〜7　https://elaws.e-gov.go.jp/document?lawid=334M50000002055)

(9) 合成樹脂類とは，不燃性又は難燃性でない固体の合成樹脂製品，合成樹脂半製品，原料合成樹脂及び合成樹脂くず（不燃性又は難燃性でないゴム製品，ゴム半製品，原料ゴム及びゴムくずを含む）をいい，合成樹脂の繊維，布，紙及び糸並びにこれらのほろ及びくずを除く。

4. 危険物としてのウレタン建材製品

ウレタン防水材の建材関連製品は，各メーカーによって多少の違いはあるが，消防法の分類に従って言えば引火性の可燃性液体類に属するものが多く，表4のような類別の範囲に入る。

表4　類別の範囲

製品用途	危険物類別
プライマー類	第四類第一石油類 第四類第二石油類
平場用防水材 主剤，硬化剤	第四類第三石油類 第四類第四石油類 指定可燃物（可燃性液体類）
立上がり用防水材 主剤，硬化剤	第四類第三石油類 第四類第四石油類 指定可燃物（可燃性固体類）
保護仕上塗料類	第四類第一石油類 第四類第二石油類
溶剤，洗浄剤 シンナー類	第四類第一石油類 第四類第二石油類

次に，実際に材料を取り扱う現場を想定して，これ等の材料の危険物としての数量や指定数量の計算について，例を挙げて考えてみることにする。

【例1】

約300㎡の防水施工を行うため，次の材料を搬入することになった。

プライマー	（第四類第一石油類）	4缶	72ℓ
防水材主剤	（第四類第三石油類）	35缶	350ℓ
防水材硬化剤	（第四類第三石油類）	35缶	700ℓ
保護仕上塗料	（第四類第二石油類）	5缶	90ℓ
溶剤	（第四類第二石油類）	2缶	34ℓ

危険物数量の計算

$$\frac{\text{第一石油類合計量}}{\text{第一石油類指定数量}} + \frac{\text{第二石油類合計量}}{\text{第二石油類指定数量}} + \frac{\text{第三石油類合計量}}{\text{第三石油類指定数量}}$$

$$= \frac{72}{200} + \frac{90+34}{1,000} + \frac{350+700}{2,000}$$

$$= 1.009$$

　この場合は計算上で1を超えるため，指定数量以上の危険物を貯蔵し，取り扱うことになる。従って所轄の消防本部または消防署長に，消防本部のない市町村では市町村長に申請して，仮貯蔵や取扱いの承認を受けなければならない。

　但し，分割して搬入する事で，一度の取扱いを指定数量未満とする事で承認は不要となる。

　この場合も，一度の取扱いが指定数量の1/5（計算値0.2）以上となる場合は，市町村の火災予防条例により規制の対象となるため管轄の消防署に届け出しなければならない。

　また，貯蔵に当たっては，火災予防上の処置を取るほか，類別同士で1m以上の間隔を空けて置かなければならない。

建築基準法
抜粋（屋根）

（屋根）

建築基準法では第62条及び第22条第1項により屋根の構造方法が定められている。

第62条と第22条第1項の対象となっている地域は以下のとおりである。

法62条地域	法22条指定区域
防火地域または準防火地域	特定行政庁が防火地域及び準防火地域以外の市街地について指定する区域

以下の法律の表現は複雑であるが，結局のところ防火地域，準防火地域，法22条指定区域で屋根防水に求められる構造方法は同じである。

建築基準法

法第62条　防火地域または準防火地域の建築物の屋根の構造は，市街地における火災を想定した火の粉による建築物の火災の発生を防止するために屋根に必要とされる性能に関して建築物の構造及び用途の区分に応じて政令で定める技術的基準に適合するもので，国土交通大臣が定めた構造方法を用いるもの又は国土交通大臣の認定を受けたものとしなければならない。

（平成30年の建築基準法改正により，旧第63条がそのまま第62条になった。）

法第22条第1項　特定行政庁が防火地域及び準防火地域以外の市街地について指定する区域内にある建築物の屋根の構造は，通常の火災を想定した火の粉による建築物の火災の発生を防止するために屋根に必要とされる性能に関して建築物の構造及び用途の区分に応じて政令で定める技術的基準に適合するもので，国土交通大臣が定めた構造方法を用いるもの又は国土交通大臣の認定を受けたものとしなければならない。ただし，茶室，あずまやその他これらに類する建築物又は延べ面積が十平方メートル以内の物置、納屋その他これらに類する建築物の屋根の延焼のおそれのある部分以外の部分については、この限りではない。

法第62条及び法第22条第1項にある「政令で定める技術的基準」は，それぞれ次の建築基準法施行令で定められている。

建築基準法施行令

（防火地域又は準防火地域内の建築物の屋根の性能に関する技術的基準）

令第136条の2の2　法第62条の政令で定める技術的基準は，次に掲げるもの（不燃性の物品を保管する倉庫その他これに類するものとして菌土交通大臣が定める用途に供する建築物又は建築物の部分で，市街地における通常の火災による火の粉が屋内に到達した場合に建築物の火災が発生するおそれのないものとして国土交通大臣が定めた構造方法を用いるものの屋根にあっては，第1号に掲げるもの）とする。

　1　屋根が，市街地における通常の火災による火の粉により，防火上有害な発炎をしないものであること。

　2　屋根が，市街地における通常の火災による火の粉により，屋内に達する防火上有害な溶融，亀裂その他の損傷を生じないものであること。

（法第22号第1項の市街地の区域内にある建築物の屋根の性能に関する技術的基準）

令第109条の8　法第22条第1項の政令で定める技術的基準は，次に掲げるもの（不燃性の物品を保管する倉庫その他これに類するものとして国土交通大臣が定める用途に供する建築物又は建築物の部分で，通常の火災による火の粉が屋内に到達した場合に建築物の火災が発生するおそれのないものとして国土交通大臣が定めた構造方法を用いるものの屋根にあっては，第1号に掲げるもの）とする。

　1　屋根が，通常の火災による火の粉により，防火上有害な発炎をしないものであること。

　2　屋根が，通常の火災による火の粉により，屋内に達する防火上有害な溶融，亀裂その他の損傷を生じないものであること。

法第62条の「国土交通大臣が定めた構造方法」については，平成12年建設省告示第1365号『防火地域又は準防火地域内の建築物の屋根の構造を定める件』に定められている。

法第22条第1項の「国土交通大臣が定めた構造方法」についても，平成12年建設省告示第1361号『特定行政庁が防火地域及び準防火地域以外の市街地について指定する区域内における屋根の構造方法を定める件』に「法第63号（当時。現在は62号）に規定する屋根の構造とする」と定められている。

《防火地域等の指定イメージ》

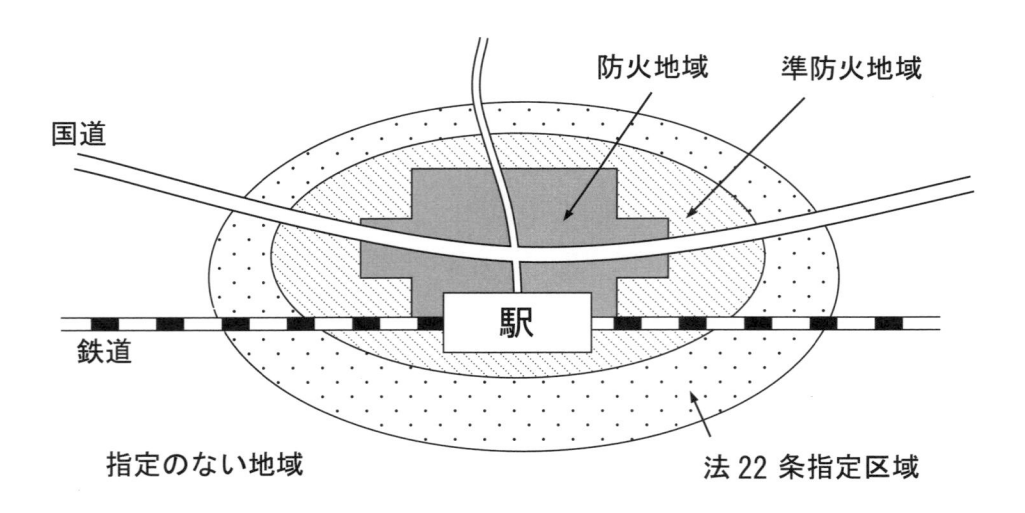

本稿では，以下の法，令，告示を，抜粋した。

・建築基準法（昭和25年法律第201号）

　　施行日：令和3年11月1日（令和3年法律第31号による改正）

・建築基準施行令（昭和25年政令第338号）

　　施行日：令和3年11月1日（令和3年政令第296号による改正）

・平成12年5月24日建設省告示第1361号

　　「特定行政庁が防火地域及び準防火地域以外の市街地について指定する区域内における屋根の構造方法を定める件」

　　改正：平成27年1月29日国土交通省告示第181号

・平成12年5月25日建設省告示第1365号

　　「防火地域又は準防火地域内の建築物の屋根の構造方法を定める件」

ウレタン塗膜防水ハンドブック編集委員会

編集委員

技術委員会	委員長	AGCポリマー建材㈱	鈴木 博
	副委員長	㈱ダイフレックス	小関 晋平
	委員	AGCポリマー建材㈱	蓮村 和人
		田島ルーフィング㈱	田中 秀斉
		田島ルーフィング㈱	和田 俊明
		ニッタ化工品㈱	丸山 覚史
		日本特殊塗料㈱	東出 真吾
		東日本塗料㈱	望月 龍太
		保土谷建材㈱	田代 憲志郎
		三井化学㈱	川那部 恒

広報委員会	委員長	保土谷建材㈱	巌 嘉徳
	副委員長	AGCポリマー建材㈱	河合 努
	委員	田島ルーフィング㈱	持田 光春
		㈱ダイフレックス	横山 淳之輔
		ディックプルーフィング㈱	塩見 恭
	事務局		佐々木 哲夫

ウレタン塗膜防水ハンドブック　2023年版

ウレタン塗膜防水施工マニュアル
　1991年（平成 3 年）5 月 28 日　第 1 版　第 1 刷発行
　1998年（平成 10 年）3 月 25 日　第 2 版　第 1 刷発行
　2007年（平成 19 年）5 月 15 日　第 3 版　第 1 刷発行
　2012年（平成 24 年）3 月 30 日　第 4 版　第 1 刷発行
ウレタン塗膜防水ハンドブック
　2018年（平成 30 年）3 月 30 日　第 1 版　第 1 刷発行
　2023年（令和 5 年）3 月 31 日　第 2 版　第 1 刷発行

編　　　集　NUKウレタン塗膜防水ハンドブック編集委員会
発　　　行　日本ウレタン建材工業会
　　　　　　〒103-0005　東京都中央区日本橋久松町 9-2　日新中央ビル 3 階
　　　　　　TEL 03-6206-2753　FAX 03-6661-9034
印刷・製本　株式会社テツアドー出版
　　　　　　〒165-0026　東京都中野区新井 1 － 34 － 14
　　　　　　TEL　03-3228-3401　FAX　03-3228-3410

ISBN978-4-903476-82-7